Semillas Estelares

Descubre los secretos de tu familia de Semillas Estelares junto con niños y adultos índigo

© Copyright 2025

Todos los derechos reservados. Ninguna parte de este libro puede ser reproducida de ninguna forma sin el permiso escrito del autor. Los revisores pueden citar breves pasajes en las reseñas.

Descargo de responsabilidad: Ninguna parte de esta publicación puede ser reproducida o transmitida de ninguna forma o por ningún medio, mecánico o electrónico, incluyendo fotocopias o grabaciones, o por ningún sistema de almacenamiento y recuperación de información, o transmitida por correo electrónico sin permiso escrito del editor.

Si bien se ha hecho todo lo posible por verificar la información proporcionada en esta publicación, ni el autor ni el editor asumen responsabilidad alguna por los errores, omisiones o interpretaciones contrarias al tema aquí tratado.

Este libro es solo para fines de entretenimiento. Las opiniones expresadas son únicamente las del autor y no deben tomarse como instrucciones u órdenes de expertos. El lector es responsable de sus propias acciones.

La adhesión a todas las leyes y regulaciones aplicables, incluyendo las leyes internacionales, federales, estatales y locales que rigen la concesión de licencias profesionales, las prácticas comerciales, la publicidad y todos los demás aspectos de la realización de negocios en los EE. UU., Canadá, Reino Unido o cualquier otra jurisdicción es responsabilidad exclusiva del comprador o del lector.

Ni el autor ni el editor asumen responsabilidad alguna en nombre del comprador o lector de estos materiales. Cualquier desaire percibido de cualquier individuo u organización es puramente involuntario.

Su regalo gratuito

¡Gracias por descargar este libro! Si desea aprender más acerca de varios temas de espiritualidad, entonces únase a la comunidad de Mari Silva y obtenga el MP3 de meditación guiada para despertar su tercer ojo. Este MP3 de meditación guiada está diseñado para abrir y fortalecer el tercer ojo para que pueda experimentar un estado superior de conciencia.

https://livetolearn.lpages.co/mari-silva-third-eye-meditation-mp3-spanish/

¡O escanee el código QR!

Índice

INTRODUCCIÓN 1
CAPÍTULO 1: ¿QUÉ ES UNA SEMILLA ESTELAR? 3
CAPÍTULO 2: SEMILLAS ESTELARES VS. ÍNDIGOS 11
CAPÍTULO 3: ACTIVAR TU SER CÓSMICO 18
CAPÍTULO 4: SEMILLAS ESTELARES ANDROMEDANAS 27
CAPÍTULO 5: SEMILLAS ESTELARES PLEYADIANAS 34
CAPÍTULO 6: SEMILLAS ESTELARES SIRIAS 40
CAPÍTULO 7: SEMILLAS ESTELARES LYRANAS 47
CAPÍTULO 8: SEMILLAS ESTELARES DE ORIÓN 54
CAPÍTULO 9: SEMILLAS ESTELARES ARCTURIANAS 60
CAPÍTULO 10: SEMILLAS ESTELARES DE VEGA 66
CAPÍTULO 11: SEMILLAS ESTELARES MALDEKIANAS 72
CAPÍTULO 12: SEMILLAS ESTELARES AVIARIAS 79
CAPÍTULO 13: SEMILLAS ESTELARES LEMURIANAS Y ATLANTES 85
CAPÍTULO 14: TU MISIÓN TERRENAL 93
CONCLUSIÓN 101
VEA MÁS LIBROS ESCRITOS POR MARI SILVA 104
SU REGALO GRATUITO 105
REFERENCIAS 106
FUENTES DE IMAGENES 107

Introducción

Semillas Estelares es una fascinante exploración del concepto de vida extraterrestre y su impacto en la humanidad. Porque, ¿qué es la vida sino un acontecimiento cósmico? ¿Y qué es el cosmos si no está vivo y en constante movimiento? ¿Qué es la humanidad sino una parte integral de todo ello, una que ha experimentado incontables vidas anteriores y que experimentará incontables más en el futuro? ¿Y dónde empieza todo, si no es en las estrellas?

El libro ahonda en la idea de que algunos individuos de la Tierra pueden proceder de otros planetas o sistemas estelares y poseer habilidades y perspectivas únicas que los diferencian del resto de la humanidad. Basándose en una gran cantidad de investigaciones científicas y enseñanzas espirituales, Semillas Estelares ofrece un argumento convincente sobre la existencia de estos seres y su papel en la configuración de nuestro mundo. Desde los antiguos mitos y leyendas hasta los modernos encuentros con ovnis, el libro recorre la historia de nuestra fascinación por los extraterrestres y explora el significado de ser una Semilla Estelar en el mundo actual.

Profundiza en las diversas características de las Semillas Estelares, como su gran intuición, sus capacidades psíquicas y su sensibilidad a la energía. Además, explora los retos a los que se enfrentan en un mundo que a menudo los malinterpreta a ellos y a su propósito. A pesar de estos retos, las Semillas Estelares siguen desempeñando un importante papel en la mejora de nuestro mundo. Ofrecen un mensaje de esperanza e inspiración a quienes buscan marcar la diferencia en el mundo y crear un futuro mejor para toda la humanidad.

El libro también ofrece una visión sobre la experiencia de las Semillas Estelares y las diferentes formas en que puede manifestarse. Describe el papel de estas personas en las diversas situaciones del mundo y nos guía a través de una amplia gama de prácticas curativas y espirituales que pueden ayudar a lograr un mayor equilibrio en el mundo. Y lo que es más importante, nos enseña que no importa de dónde vengamos, todos formamos parte de una única familia cósmica y estamos conectados a través de nuestros pensamientos, emociones y acciones. Todos somos uno en el infinito mar de la vida.

Semillas de estrellas es una lectura obligada para todos los interesados en los misterios del universo y en el lugar que ocupamos en él. Tanto si eres escéptico como creyente, este libro desafiará tus suposiciones sobre la realidad y abrirá tu mente a nuevas posibilidades. Acompáñanos en este viaje hacia lo desconocido mientras exploramos el universo y desvelamos los secretos de nuestras almas.

Capítulo 1: ¿Qué es una Semilla Estelar?

El término "Semilla Estelar" está popularmente asociado al despertar espiritual, a un viaje introspectivo y a un cambio evolutivo de perspectiva. Es un término cargado de significado, pero que puede resultar difícil de entender debido a su confusa naturaleza. Se entiende que las Semillas Estelares son individuos espiritualmente evolucionados, intuitivos, psíquicos y sensibles a las energías que emanan en la Tierra. A su vez, son personas que pueden sentir que no pertenecen a este lugar o que son de otro planeta, y hay una buena razón para ello.

Las Semillas Estelares han vivido vidas pasadas en otras galaxias y dimensiones y han elegido encarnarse en la Tierra,

Las Semillas Estelares suelen estar muy conectadas espiritualmente con su entorno [1]

en este momento, para ayudar en el proceso de ascensión del planeta. Han venido en solidaridad con Gaia para trascender las limitaciones de la realidad tridimensional y co-crear un nuevo mundo basado en el amor, la armonía y la unidad. Han sido atraídos a la Tierra porque contienen las semillas de la ascensión en su interior y están encarnados aquí para ayudar físicamente al nacimiento de un nuevo mundo.

Las Semillas Estelares son un colectivo, un grupo interdimensional de seres altamente evolucionados que tienen una conexión única y notable con su "yo superior", o el Creador, y con otros seres del mismo sistema estelar y otras civilizaciones avanzadas. Ser una Semilla Estelar es un estado de ser una impronta energética que se lleva de vida en vida. Es el don de experimentar la evolución espiritual y la trascendencia mientras se vive en forma física.

Desde una perspectiva espiritual, se cree que las Semillas Estelares sirven como mensajeros del amor, una forma de energía divina o comunicación de esta fuerza que atraviesa todas las dimensiones de la existencia. Como una señal de radio, transmiten o "emiten" en una frecuencia específica que otros seres de resonancia vibratoria similar pueden recibir. Ser una Semilla Estelar es estar abierto y receptivo a recibir esta energía, comprender su propósito y reconocer que esta es la energía y la fuerza que han creado todos los mundos, galaxias y universos a través de todo el multiverso.

La firma energética de una Semilla Estelar combina una frecuencia galáctica específica o un conjunto de códigos estelares correspondientes a su linaje y propósito específico aquí en la Tierra. Estos códigos estelares se superponen a la firma energética natural de una persona, algo así como "una plantilla" que determina cómo aparecerá uno en esta vida.

Las Semillas Estelares y el "Cambio de las Eras"

El concepto de Semilla Estelar no es nuevo. Hace miles de años, a la gente se le enseñó que habría generaciones futuras cuyo trabajo sería mantener el conocimiento y la sabiduría del pasado para que la civilización pudiera progresar lentamente hacia nuevos niveles de conciencia; por lo tanto, estas generaciones futuras serían consideradas como "los guardianes de la luz" o "Semillas Estelares".

Según canalizadores como Tom Kenyon, el proceso de ascensión es un cambio multidimensional en la conciencia planetaria que incluye el sistema solar y la galaxia Vía Láctea. Este cambio se ha denominado "ascensión masiva" o "ascensión de la Tierra y la humanidad" (también conocida como "ascensión planetaria").

A medida que las energías de la luz cósmica y el amor descienden a través del sol y entran en las rejillas de la Tierra, se desencadena una respuesta dentro de la humanidad. Esto desencadena un impulso evolutivo para volver a nuestro estado original de unidad y conexión con toda la creación. Como tal, se dice que las personas naturalmente sensibles a estas energías entrantes están experimentando un despertar espiritual o un proceso de ascensión dentro de su constitución individual. Se cree que las Semillas Estelares están aquí para ayudar a la humanidad a través de este proceso, actuando como catalizadores en el cambio de conciencia.

Muchos creen que estamos atravesando una Era de Iluminación, y que más personas que nunca en la Tierra están accediendo a sus capacidades y potencial innatos. Gran parte de este acceso o despertar proviene de la afluencia de nueva energía que está siendo enviada a través de las redes del planeta en este momento.

Se cree que las Semillas Estelares forman parte de esta Era porque representan a aquellos que han trascendido la ilusión en la que residimos y han regresado a la Tierra como mensajeros. En última instancia, nos ayudan a liberarnos de nuestros pensamientos, creencias y condicionamientos limitantes para que podamos crecer y saber quiénes somos realmente y vivir conscientemente desde ese lugar.

Muchas personas están experimentando actualmente este "cambio" o despertar de conciencia. Este proceso consiste en transformar la experiencia humana para que esté más en línea con la verdad de lo que somos. Está ocurriendo a nivel personal, pero también está ocurriendo en masa a medida que la humanidad crece colectivamente a través de su proceso evolutivo desde las viejas formas de pensar, ser y hacer. Se cree que la frecuencia de nuestro planeta ha cambiado, y estos cambios seguirán ocurriendo a medida que evolucionemos hacia una realidad de dimensiones superiores.

¿Por qué son importantes las Semillas Estelares?

Las Semillas Estelares son una parte importante de nuestro "rompecabezas global" y un aspecto vital del proceso de ascensión que está ocurriendo ahora mismo. Representan un movimiento único de evolución que está ocurriendo aquí en el planeta Tierra, y su presencia apunta al hecho de que estamos en medio de un cambio multidimensional y de un nuevo capítulo en la experiencia humana.

El "Cambio de Era" traerá consigo nuevas formas de aprender, pensar y experimentar la realidad tal y como la conocemos. Nuestra comprensión fundamental de nosotros mismos como seres humanos cambiará a medida que evolucionemos hacia estados superiores de conciencia. En este momento de la historia, la humanidad está siendo empujada fuera de sus zonas de confort y forzada a pasar por un intenso y doloroso proceso de ascensión que cambiará para siempre la conciencia del planeta. Esto significa ver la realidad bajo una luz completamente nueva y liberarse de viejos hábitos, formas de pensamiento, sistemas de creencias, paradigmas y patrones de pensamiento condicionados que nos han mantenido encerrados en la esclavitud durante generaciones. También traerá consigo un sentimiento de unidad con toda la humanidad porque empezaremos a vernos y conocernos de una forma que nunca ha sido posible.

Para evolucionar como seres humanos, debemos comprender que el proceso no es lineal ni secuencial. Esto significa que no todo el mundo está pasando por el mismo proceso y que hay diferencias en cómo cada persona trabaja a través de su proceso evolutivo personal. Aunque nuestros caminos individuales son únicos, debemos esforzarnos por intercambiar experiencias con otras personas que también se estén abriendo a estos nuevos niveles de conciencia. Debemos recordar que no estamos solos, y es muy útil conectar con otros que han recorrido caminos similares y pueden entender por lo que estamos pasando.

Muchas personas experimentarán una "descarga" o infusión de conciencia colectiva durante este tiempo. Es como si partes dormidas de ellos mismos -partes que han estado dormidas durante eones o suprimidas por las limitaciones de la tercera dimensión- volvieran a estar en movimiento. Algunas personas tienen experiencias diarias con "descargas", que pueden ser una poderosa fuente de información y guía.

Cada una de estas descargas consiste en percepciones y sabiduría que los ayudan a romper viejos esquemas, patrones de pensamiento limitantes y sistemas de creencias negativas para que puedan avanzar en su propia evolución personal. Algunas personas se sentirán como si estuvieran "en medio de una película", y las escenas que se desarrollan ante ellos les muestran cómo avanzar hacia un nivel superior de conciencia. Otros experimentarán una profunda sensación de sincronicidad, que es una parte natural de nuestra interconexión con los demás y con el universo.

Las Semillas Estelares han sido mencionadas en innumerables libros, películas y documentales. Es casi imposible leer un libro sobre ovnis, extraterrestres o canalización sin encontrar el término "Semillas Estelares" de alguna forma. Algunas menciones dignas son El Dios de Acuario de Brad Steiger, La Clave de la Sincronicidad de Corey Goode y David Wilcock, y Mensajeros del Engaño de Jacques Vallee. Las Semillas Estelares también han sido mencionadas por famosos canalizadores y médiums como James Tyberonn, Sheldan Nidle, Benjamin Crème, Dolores Cannon y Barbara Marciniak. Hay muchos otros, pero estos pocos en particular han ganado un gran número de seguidores y son nombres bien conocidos dentro de la "comunidad de la conciencia".

La popular Youtuber, Spirit Nomad, ha hablado sobre su despertar como Semilla Estelar y ha descrito el viaje de convertirse en una Semilla Estelar como su "Escalera Apocalíptica", que es una metáfora adecuada para la transformación multidimensional por la que ha pasado. Otra Semilla Estelar, Zoey Arielle, ha creado un vlog dedicado a ayudar a la gente a despertar como Semillas Estelares para que puedan aprender a sanar, crecer y ser más auto-empoderados en el proceso. El fenómeno de las Semillas Estelares ha sido descrito de muchas maneras por diferentes personas y canalizadores a lo largo de los años. Sin embargo, todos parecen tener en común que sintieron la necesidad de alejarse de las limitaciones de la realidad tridimensional y buscar niveles superiores de conciencia.

¿Eres una Semilla Estelar?

Innumerables personas se consideran Semillas Estelares, pero algunos se preguntan si realmente lo son. Probablemente quieras saber si eres una Semilla Estelar porque estás atravesando un intenso proceso de despertar y quieres comprenderlo mejor. Es posible que quieras respuestas concretas sobre el origen de tus experiencias y lo que significan para tu vida. Para ayudarte a saber si puedes ser una Semilla Estelar, aquí tienes algunas de las características más comunes que comparten estas personas. Comprueba si alguna de ellas resuena contigo.

1. Sientes que no encajas en ningún lugar

¿Sientes que no perteneces al planeta Tierra? ¿O que tu alma es de otro lugar y llevas poco tiempo aquí? Muchas Semillas Estelares se identificarán con este sentimiento, ya que es algo común. Esto se debe a que las Semillas Estelares vienen a nuestro planeta desde otros lugares del universo y han vivido en otras dimensiones antes de venir aquí. Por eso, adaptarse a la vida en una realidad de tercera dimensión puede llevar algún tiempo. También puedes sentir que no encajas en tu familia, sociedad o incluso en tu equipo de trabajo. Como Semilla Estelar, es posible que te sientas como un extraño en la vida terrestre y que seas marginado por personas que no comprenden tu forma de pensar y de ser.

2. Eres muy sensible

Ser un empático es otro rasgo común de las Semillas Estelares, y también pueden tener algunas otras sensibilidades o rarezas que pueden presentarse durante su proceso de despertar. Las Semillas Estelares tienden a ser muy sensibles al sonido, la luz, los productos químicos en los alimentos y otras sustancias. También suelen ser sensibles a ciertos tipos de música o lugares en los que no se sienten cómodos. Algunos son sensibles a la comida y otros no pueden tolerar alérgenos comunes como el trigo, los cereales, los lácteos o incluso la mayoría de las carnes. Algunas Semillas Estelares ni siquiera pueden soportar comer algo enlatado o de una caja procesada.

3. Es posible que sientas que te están "creciendo alas"

Muchas Semillas Estelares dicen sentirse más livianas y con una sensación de libertad a medida que atraviesan el proceso de despertar. A medida que elevas tus vibraciones, a menudo pasas por el desprendimiento de muchas capas que te han estado "reteniendo". Esto puede compararse a que te arranquen la proverbial "bandita adhesiva", ya que al principio puede ser muy incómodo. También es posible que te sientas inseguro sobre lo que está pasando en tu vida y te preguntes si hay algo más que debas hacer.

4. Sueñas con una "Ascensión"

Ascensión es un término que significa elevarse y pasar a un nivel superior de conciencia espiritual. A medida que avanzamos en nuestro proceso de despertar, muchos de nosotros experimentaremos esta ascensión desde la perspectiva de soñar o tener sueños lúcidos. Muchas Semillas Estelares informan de esta sensación y ven imágenes vívidas y detalladas en sus sueños sobre cómo puede ser su ascensión. A menudo, estos sueños contienen información sobre tu familia de Semillas Estelares y el proceso de ascensión. También puedes tener sueños sobre otros seres con los que estás trabajando para elevar tus vibraciones.

5. Sientes una gran sensación de emoción, alegría y amor

Las Semillas Estelares suelen tener un sentido del conocimiento muy agudo y pueden acceder a información sobre el futuro incluso antes de que ocurra. También pueden tener la sensación interna de que todo está a punto de cambiar. Muchas Semillas Estelares dirán que pueden sentir este tipo de emoción en su cuerpo cuando se produce el despertar y que continuarán experimentándola a medida que avanzan en el proceso. Avanzar hacia la conciencia superior se siente bien, especialmente si te has estado resistiendo de alguna manera o estás atascado en viejos patrones y creencias. A medida que avanzas, tu vida puede empezar a sentirse más enérgica y emocionante. Puedes empezar a hacer elecciones nuevas y audaces que alineen tu vida más estrechamente con tus deseos.

6. Has tenido muchas experiencias psíquicas

Muchas Semillas Estelares han tenido experiencias psíquicas iluminadoras que las han llevado a sentir curiosidad por la naturaleza de la realidad y de la vida en general. Suelen sentir una fuerte conexión con su intuición, la voz del espíritu interior y varios guías o ángeles que descienden para ayudarlos en su viaje. Puede que no siempre entiendan lo que ocurre o qué pensar de ello, pero saben que deben prestar atención y aprender. Muchos están muy interesados en la naturaleza de nuestra verdadera realidad espiritual y buscan comprender mejor cómo encaja nuestra alma en el panorama general.

7. Sientes una fuerte conexión con tu espíritu

Muchas Semillas Estelares en realidad desarrollan una conciencia de la verdadera naturaleza de nuestra alma a medida que ésta se abre paso a través de su forma física en capas como un capullo. Mientras atraviesas nuestro proceso de despertar, puedes tener una fuerte sensación de que estás en presencia de tu espíritu y puedes sentir su presencia dentro de ti. Es como si se "desplegara" y te desplegara a ti en el proceso. Empezarás a escuchar la voz de tu intuición y a confiar más en ella a medida que avanzas en este proceso. Esta voz del espíritu te ayudará a tomar decisiones que muevan tu vida en una dirección más positiva.

8. Estás convencido de que hay vida en otros planetas

Muchas Semillas Estelares son muy conscientes de que hay vida en otros planetas, así como seres que ya han completado su proceso de ascensión y existen en una dimensión superior de conciencia. Pueden tener un sentimiento de conexión con otras formas de vida que no comparten nuestro planeta verde azulado, y a menudo están muy interesados en información sobre extraterrestres o fenómenos paranormales. Esta curiosidad surge de su conexión innata con el reino espiritual y su deseo de conocer la naturaleza de la realidad y nuestros verdaderos orígenes. Muchas Semillas Estelares también tienen afinidad por aprender sobre nuestro antiguo pasado, ya que a menudo les da la sensación de estar conectados a las raíces mismas de la civilización humana.

Como puede ver, las Semillas Estelares pueden tener muchas experiencias diferentes como parte de su proceso de despertar. Aunque estos puntos pueden ser ciertos para algunas personas, no están garantizados. No hay una regla fija sobre cómo te ocurrirá un despertar. Suele ser una combinación de todo tipo de cosas que se juntan a la vez, y que sientas o no que tienes una nueva "fase" en tu vida realmente depende de ti. De lo que puedes estar seguro es de que si tienes pensamientos de despertar, es probable que estés experimentando algo de gran importancia en tu vida, y deberías tratar de explorar lo que sea de cualquier manera que puedas.

Capítulo 2: Semillas Estelares vs. Índigos

Si alguna vez has leído sobre los Niños Índigo o las Semillas Estelares, te habrás dado cuenta de que a menudo coinciden en sus descripciones y características. Se cree que ambos poseen habilidades especiales y un fuerte sentido de propósito, y a menudo sienten que no encajan con el resto de la sociedad. Sin embargo, mientras que se dice que los Niños Índigo han nacido con la misión específica de desafiar y cambiar el statu quo, se cree que las Semillas Estelares han venido de otros planetas o dimensiones para ayudar a guiar a la humanidad hacia un futuro más positivo.

Se cree que las Semillas Estelares tienen una misión específica, como Thor salvando Midgard ª

¿Quiénes son los Índigos?

Un término relativamente nuevo, "niños índigo", fue introducido por una mujer californiana llamada Nancy Ann Tappe a principios de los años noventa. Su libro, *Comprender Tu Vida a Través Del Color*, afirma que los niños nacidos entre 1977 y 1994 son los Niños Índigo, la última etapa de la evolución humana. Supuestamente, estos niños nacieron con grandes habilidades de supervivencia, pero también poseían capacidades avanzadas de comunicación, demostraban una madurez emocional superior a la de su edad, sentían una profunda compasión por otros seres y tenían el deseo de ayudar a los demás. A menudo diagnosticados erróneamente con TDA o TDAH, las mentes hiperactivas de estos niños los convertían en inadaptados en sus escuelas locales, y debido a su aguda capacidad para ser conscientes del mundo que los rodeaba (a lo que ella se refería como sensibilidad psíquica) y al hecho de que iban en contra de la norma, a menudo les resultaba difícil integrarse en la sociedad.

El trabajo de Tappe caló hondo en muchas personas cuyos hijos se comportaban de forma atípica y, en las décadas que siguieron a su libro, muchos otros autores empezaron a adoptar el término "niño índigo" y a utilizarlo en sus obras. Describían a estos niños como espirituales, creativos e inteligentes, pero inadaptados a la escuela y a la sociedad. Algunas fuentes incluso afirman que estos niños llevan aquí desde los años 60, pero que justo ahora se están dando a conocer. Según algunas fuentes, Internet ha desempeñado un papel importante en este cambio de conciencia de muchos de estos niños, que de otro modo se habrían sentido solos con sus dones únicos.

Los críticos del fenómeno Índigo afirman que estos niños tienen una imaginación hiperactiva y que sus sentidos psíquicos simplemente se atribuyen a cosas que en realidad no son. Otros afirman que los Niños Índigo no son más que niños que buscan llamar la atención y que pueden o no tener realmente las habilidades que Nancy Tappe afirma que tienen.

Independientemente de lo que creas sobre los Niños Índigo, no se puede negar que el concepto es cada vez más conocido en nuestra cultura. Creas o no en la etiqueta de Niño Índigo, es fácil ver que muchos niños de hoy en día parecen estar haciendo frente a un nivel extremadamente elevado de sensibilidad y conciencia que puede hacer que se sientan como extraños en un mundo que valora la conformidad y la atención.

Niños Índigo vs. Semillas Estelares

Si bien los libros de Nancy Tappe se centran en los niños Índigo, no mencionan explícitamente a las Semillas Estelares. No fue hasta finales de los 90 cuando los investigadores empezaron a utilizar el término "Semilla Estelar" para englobar a los niños Índigo y a otros espíritus no humanos que se manifiestan lentamente en el plano terrestre.

Mientras que la etiqueta Índigo es una subcategoría de Semilla Estelar o Niño Estelar, algunas personas creen que estos dos términos son sinónimos y son utilizados indistintamente por muchos investigadores en todo el mundo. Normalmente, la mayoría de las fuentes mencionan ambas etiquetas a la vez porque están muy interrelacionadas.

Los Niños Índigo fueron la primera oleada de Semillas Estelares que llegaron al planeta, y nacieron en este mundo con la habilidad de manejar el despertar espiritual que está ocurriendo en muchos niveles. Ellos son quienes eligieron encarnar (tomar un cuerpo físico) durante el período más desafiante que cualquier ser humano ha enfrentado desde la destrucción de la Atlántida, y aunque pueden luchar con sus habilidades psíquicas (y pueden ser etiquetados como "buscadores de atención" a causa de ellas), tienen el potencial de cambiar nuestra conciencia de una manera que las generaciones anteriores simplemente no pudieron.

Las Semillas Estelares llegan constantemente al plano terrestre en oleadas. Cada ola tiene una misión ligeramente diferente dependiendo de dónde nos encontremos en nuestra conciencia global cuando llegan. Los Niños Índigo son la primera ola, y están aquí para ayudarnos a despojarnos de nuestra realidad 3D dominada por el miedo y el control para que podamos abrazar un nuevo paradigma de amor y unidad. Tuvieron que lidiar con los intensos desafíos de vivir en un mundo que constantemente los malinterpretaba. Sin embargo, fueron esos niños los que iniciaron el proceso de despertar espiritual de un modo que permitió que todos los demás les siguieran.

¿De dónde vienen los Índigos?

Existen muchas especulaciones sobre la procedencia de los Niños Índigo. Algunos creen que son las almas reencarnadas de antiguos seres que una vez caminaron sobre la tierra, mientras que otros creen que en realidad fueron enviados a nosotros desde otros planetas avanzados para ayudar a arrojar luz sobre algunos de los problemas que plagan nuestro planeta. Otros afirman que los Índigos han estado presentes a lo largo de la historia de la humanidad, pero que hasta ahora no se les había reconocido por lo que eran.

Drunvalo Melchizedek es un investigador muy convencido de que los Niños de las Estrellas están aquí desde mucho antes de los años noventa. Ha convertido en la misión de su vida difundir el mensaje sobre los índigos y afirma: "Las Semillas Estelares han estado aquí desde el principio de los tiempos. Sólo han estado dormidas durante un tiempo". El Dr. David Icke es otro destacado investigador que escribe sobre los Niños de las Estrellas y afirma que los Índigos han estado aquí durante muchas generaciones.

Independientemente de dónde miremos, muchas fuentes apuntan a un aumento del número de personas que encajarían en la subcategoría de Niños de las Estrellas Índigo, y dados los cambios socioculturales que se han producido desde los años 90, no es difícil imaginar que algo ocurrió para despertar a muchas personas a la vez. Mientras que algunos críticos afirman que estos niños simplemente están usando su imaginación cuando se refieren a sus habilidades psíquicas, otros no dudan de la verdad que hay detrás de ellas.

¿Eres un Niño Índigo?

Muchas personas se preguntan si encajan en la etiqueta de "Niño Índigo". Aunque no existen pruebas oficiales para determinar si alguien es o no un Niño Índigo, sin duda hay algunos signos reveladores que pueden indicar que este es el caso:

- Eres muy sensible y consciente de tu entorno.
- Tienes un aura que es distintiva y predominantemente azul violácea.
- Con frecuencia cuestionas el mundo que te rodea y tu misión es averiguar por qué suceden ciertas cosas.
- Nunca dudas en defender tus creencias, incluso cuando son diferentes a las de las personas que te rodean.
- A menudo sientes que vives en dos mundos, uno en el que te sientes completamente a gusto y otro en el que luchas por encajar.

- Tienes creencias espirituales muy fuertes y estás constantemente buscando más respuestas sobre el mundo que te rodea.
- Crees en un mundo justo y buscas constantemente la verdad.
- Tienes un sentido extremadamente alto de compasión por el mundo y crees que todos debemos hacerlo mejor.
- Tu intuición es extremadamente fuerte, y a menudo tienes una visión muy profunda de situaciones que parecen totalmente aleatorias a primera vista.
- Te han etiquetado como un inadaptado, un alborotador o un rebelde.
- Te sientes muy incomprendido por la mayoría de la gente.
- Eres muy empático y entiendes muy bien de dónde vienen los demás.
- Sientes que se te ha dado la misión de cambiar el mundo o al menos lograr un cambio positivo en tu propia vida y en la vida de quienes te rodean.

Si has experimentado alguno de estos signos, puede que sea el momento de empezar a buscar respuestas a tus preguntas. Aunque no existen etiquetas oficiales para las personas que tienen estos rasgos, es fácil entender por qué han adquirido tanta importancia en las últimas décadas. Ser Índigo no es sólo un sentimiento o un comportamiento específico; es una fuerza innata que muchos Índigos llevan dentro desde una edad temprana y que continúa en la edad adulta. Es algo que debe ser cultivado y explorado para que pueda florecer en su plena realización.

Niños de Cristal

Otra subcategoría de Semillas Estelares son los Niños de Cristal. Estos niños han empezado a aparecer recientemente en este planeta, y mucha gente se ha preguntado qué papel desempeñarán en nuestro cambio de conciencia. Los Niños de Cristal parecen ser muy diferentes de los Índigos en el sentido de que parecen mucho más mágicos y espirituales que cualquier otra cosa. Son el siguiente paso evolutivo de la humanidad, por así decirlo, y están aquí para mostrarnos que podemos crear nuestra propia realidad. Son muy psíquicos y pueden conectar fácilmente con la energía de la naturaleza, a veces incluso son capaces de ver más allá del tiempo y el espacio.

Los Niños de Cristal fueron mencionados por Edgar Cayce, el famoso psíquico, que predijo que los niños "elementales" aparecerían en la Tierra en grandes cantidades hacia finales del siglo XX. "Estamos en el umbral de una nueva percepción", dijo, "que alcanzaremos a través de un despertar a la realización de la unidad básica de nuestra naturaleza en todas las cosas, a través de una mayor comprensión de la verdadera naturaleza de la vida".

Los Niños de Cristal son especiales porque no encajan en el marco mental actual. Hacen las cosas a su manera y tienen su propio conjunto de valores y formas de pensar. A menudo son tan diferentes de sus compañeros que les cuesta encajar y a veces se los considera raros o con problemas mentales. Pero en realidad, simplemente están experimentando un proceso que les permite acceder a algunas de las habilidades psíquicas más asombrosas del planeta.

Los Niños de Cristal fueron elegidos para desempeñar un papel especial en este planeta por una razón muy concreta. Están aquí para recordarle a la humanidad la magia que aún existe en el mundo. A medida que envejecemos y nos cansamos, es fácil olvidar lo maravillosa que puede ser la vida cuando uno aprovecha su poder interior y su sentido de la maravilla. Los Niños de Cristal nos muestran que aún queda mucho por descubrir si estamos dispuestos a creer en la magia. Esta idea es muy similar a la historia de los Niños Índigo, pero con algunas diferencias clave.

Los Índigos fueron enviados aquí para recordarnos el poder que hay detrás de nuestros pensamientos y observaciones y lo importante que es que nos controlemos a nosotros mismos con regularidad. Los Niños de Cristal están aquí para recordarnos el poder que hay detrás de nuestras emociones y creatividad y lo bien que podemos sentirnos cuando seguimos nuestra intuición junto con el flujo de la vida. Son una nueva raza que encarna el equilibrio perfecto entre el corazón y la mente. En esencia, son la manifestación de lo que muchas personas han estado esperando en un niño durante años. Aunque un Niño de Cristal pueda parecer diferente de otros niños en muchos aspectos, traerá algunos de los mensajes más importantes que la humanidad haya jamás recibido.

¿Eres un Niño de Cristal?

Si crees que puedes ser un Niño Cristal, aquí hay algunas preguntas que debes hacerte para ayudarte a determinar si esto es cierto:

- Tienes un gran interés en la espiritualidad y la naturaleza de la realidad.
- Eres increíblemente sensible, tanto espiritual como físicamente.
- Tienes un extraordinario sentido del equilibrio.
- Por extraño que parezca, te gusta trepar a los árboles.
- Eres extremadamente empático y puedes sentir los sentimientos de los demás en tu propio cuerpo. Cuando alguien más se siente triste, tú también lo sientes. Cuando ves a alguien feliz, tú también lo sientes. Es como si tu corazón estuviera de alguna manera ligado al de ellos.
- Tienes un don para la creatividad y puedes imaginar cosas en tu mente que la mayoría de la gente no puede.
- Te han dicho que miras mucho al espacio.
- Haces las cosas a tu manera, o tienes fuertes convicciones personales sobre cómo crees que se deben hacer las cosas.

Siempre que hablamos de las categorías de Niños Índigo, de Cristal y de las Estrellas, estamos hablando de un enorme cambio de conciencia que se está produciendo en el planeta. Los niños que encajan en estas categorías fueron enviados aquí o eligieron venir aquí, y están trayendo con ellos una enorme cantidad de energía que está transformando la forma en que pensamos sobre la realidad. Son un enorme detonante de cambio en nuestro planeta y nos han permitido mirarnos a nosotros mismos de forma diferente y reevaluar nuestras vidas de una manera que nunca habíamos podido. Aunque muchos escépticos dicen que no son más que engaños o mentiras, no hay duda de que el mundo está cambiando. El nacimiento de estas personas especiales coincide con este periodo de cambio mundial, y es probable que no sea una coincidencia.

Capítulo 3: Activar tu Ser Cósmico

¿Qué es el Ser Cósmico?

El ser cósmico es la esencia de la identidad de una persona, que trasciende las limitaciones del cuerpo físico y el ego individual. Es la interconexión de todos los seres y del universo en su conjunto, y representa un nivel superior de conciencia y conocimiento espiritual. El ser cósmico suele estar asociado a experiencias místicas como las ECM (experiencias cercanas a la muerte) o la meditación profunda, en las que las personas dicen sentir una sensación de unidad con todo lo que hay a su alrededor.

Este concepto ha sido explorado en varias tradiciones espirituales a lo largo de la historia, como el hinduismo, el budismo y el taoísmo. Se cree que el ser cósmico es una fuente de sabiduría y guía para las personas que buscan una vida más significativa y plena. Al conectarse con esta faceta superior de sí mismos, las personas pueden aprovechar todo su potencial y vivir en armonía con el mundo que las rodea. En esencia, el ser cósmico representa la máxima expresión de la conciencia humana y nuestra conexión con algo más grande que nosotros mismos.

Activar tu ser cósmico te ayuda a ver la verdadera esencia de tu identidad [a]

El poder de la conciencia

El ser cósmico se rige por la conciencia y, en gran medida, la calidad de nuestra propia conciencia dicta el nivel de iluminación que podemos alcanzar. Entonces, ¿qué significa tener una mente altamente consciente? La respuesta no es tan sencilla como la pregunta, porque todos experimentamos la conciencia de forma diferente.

Nuestras mentes constan de muchas capas distintas de conciencia que desempeñan un papel integral en la forma en que vemos el mundo e interactuamos con los demás. Por ejemplo, la conciencia superficial se ocupa de los asuntos prácticos y las acciones de la vida diaria. Esta capa de conciencia se ocupa de tareas cotidianas como comer o vestirse. Sin embargo, tus funciones cognitivas más profundas también se ocupan de nociones más elevadas como la espiritualidad, la moralidad y cuestiones existenciales como "¿Por qué estamos aquí?".

Aunque normalmente se considera que estas funciones se localizan en el cerebro, en realidad la mente se extiende más allá de la estructura física e impregna todo el cuerpo. La psique contiene todos nuestros pensamientos, opiniones y recuerdos conscientes. El filósofo René Descartes creía que la conciencia residía sólo en nuestro cerebro, pero la ciencia moderna ha descubierto que no es así. La investigación moderna ha demostrado que nuestras mentes se extienden por el resto de nuestros cuerpos, documentando casos en los que los pacientes podían "sentir" dolor en partes de sus cuerpos que ya no estaban allí debido a una amputación.

Según la filosofía oriental, vivimos en un multiverso en el que la conciencia de todas las cosas está interconectada. Formamos parte de esta conciencia universal, aunque no seamos conscientes de ello. Se puede acceder a esta conciencia a través de diversas prácticas que fomentan estados superiores de conciencia, como la meditación profunda o drogas psicodélicas como la ayahuasca. Ambos métodos se han utilizado para ayudar a las personas a conectar con su ser superior y experimentar una unidad cósmica con todo lo que existe.

Además de que nuestra mente y psique se extienden por todo nuestro cuerpo, también actúan como vehículo energético para desarrollar nuestra conciencia consciente. Se cree que nuestra conciencia recoge información de todo el cuerpo físico y crea una especie de imagen holográfica de nuestra experiencia. Esto está relacionado con la idea de "vibración" en el campo de la física cuántica, donde las partículas subatómicas más pequeñas se amplifican hacia el exterior a través de la resonancia con otras partículas, haciendo que interactúen con más fuerza.

Para que nuestra conciencia funcione a pleno rendimiento, necesita cierta relajación, que se consigue integrando mente y cuerpo. Para lograrlo, muchas tradiciones orientales prescriben técnicas que ayudan a relajarse, como el yoga, la meditación o los ejercicios de respiración. Todas estas prácticas trabajan sobre el principio de la autorregulación y la regulación de nuestra propia conciencia al ralentizar la velocidad a la que procesamos la información.

Los beneficios de relajarse son enormes; los estudios han demostrado que conducen al crecimiento psicológico de muchas maneras. Por ejemplo, se ha demostrado que practicar yoga aumenta la inteligencia emocional y la atención plena y reduce el estrés y la ansiedad. También se ha demostrado que la meditación reduce el estrés y la ansiedad y produce emociones positivas. Además, la meditación puede mejorar significativamente las capacidades cognitivas, las funciones ejecutivas, la memoria y la atención. Se cree que a través de ejercicios de relajación profunda, aprovechamos la capacidad natural del cerebro para procesar la información de forma más eficiente, lo que nos permite alcanzar un grado de conciencia mucho mayor.

El Ser Cósmico más allá del cuerpo físico

Nuestro cerebro está considerado el ordenador más avanzado que existe. Cada día procesa una gran cantidad de información y crea una imagen tridimensional de nuestras experiencias que podemos utilizar para orientarnos en la vida. Aunque esta imagen es útil, no siempre es exacta al 100% y a menudo está distorsionada por nuestras experiencias y creencias pasadas.

Entonces, ¿cómo podemos acercarnos más a lo "correcto"? Una forma es reducir los pensamientos irrelevantes o que no tienen ningún beneficio discernible para lo que intentas conseguir. Esto se puede hacer dando un paso atrás y viendo el panorama general. Una forma estupenda de empezar a hacerlo es a través de la meditación, que ayuda a la gente a centrarse en las cosas que están sucediendo en su vida en lugar de preocuparse por el futuro o tener remordimientos por el pasado.

Nuestros pensamientos influyen mucho en cómo percibimos la realidad, e incluso se ha demostrado que nuestras intenciones antes de realizar una acción afectan al resultado de esta. Así lo demuestra el efecto placebo, en el que nuestras expectativas de que un tratamiento surta efecto pueden provocar una respuesta física real. No es de extrañar, pues, que nuestra mente sea una "profecía autocumplida" capaz de alterar el universo para adaptarlo a nuestras expectativas.

Esto significa que podemos utilizar nuestros pensamientos para influir en el mundo y conseguir prácticamente lo que queramos. Si te preguntas cómo es posible, es porque nuestra conciencia se extiende más allá de nuestro cuerpo físico y actúa como un vehículo energético para realinearnos con el orden natural de las cosas. Una mente altamente consciente es más atenta y perspicaz que la persona media, y cuando empezamos a acceder a niveles superiores de conciencia a través de la meditación u otras técnicas, se crea una visión más conectada y holística de la vida en la que las personas empiezan a darse cuenta de que forman parte de un mundo espiritual interdependiente en el que todos estamos conectados con todo lo demás.

Elevar tu vibración

En muchas tradiciones espirituales, el nivel de conciencia de un individuo es descrito a menudo como una vibración. En nuestro mundo acelerado, la mayoría de la gente funciona con un nivel de vibración bajo, lo que crea una sensación de malestar e inquietud. Aunque el mundo moderno es rico en oportunidades y riqueza, la mayoría de la gente sigue estando descontenta e insatisfecha. Esto se debe a que aún vivimos bajo la ilusión de que, para ser felices, debemos obtener cosas que nos hagan más felices.

La forma de liberarte de este círculo vicioso de consumismo es alterar tu frecuencia vibratoria. Elevar tu vibración significa elevar tu conciencia, permitiéndote ir más allá de los confines de tu mundo físico hacia un sentido más profundo de conexión espiritual. Se cree que éste es el verdadero propósito de la vida humana: conectar con la conciencia universal a través del proceso de autorrealización.

Cuanto más puedas acceder a tus chakras superiores, más podrás experimentar una mayor sensación de satisfacción y plenitud en todas las áreas de tu vida, incluyendo tu carrera, tus relaciones y tu espiritualidad. La gente utiliza diversas técnicas para elevar su vibración, como practicar yoga o meditación o tomar drogas psicodélicas como las setas de psilocibina. Pero el factor más esencial para elevar tu vibración es dejar ir tu ego y aceptar que hay algo más grande que tú; esto te permitirá salir de ti mismo y experimentar una nueva sensación de conexión con el mundo que te rodea.

No necesitas ser un yogui para dominar tu propia conciencia, pero prestar atención a cómo te sientes puede ayudarte a guiarte en este viaje. Cuando operas en un nivel vibratorio más bajo, es fácil que no seas consciente del mundo que te rodea. Por ejemplo, puede que no te des cuenta de que estás enfadado o deprimido. Pero cuando eleves tu frecuencia vibratoria, te volverás más sensible y empezarás a notar estos sutiles cambios emocionales cuando se produzcan. El proceso es siempre el mismo: un estado de conciencia más elevado conduce a un mayor sentido de la conciencia, lo que lleva a una mayor apreciación del mundo que nos rodea.

Conectarte con tu Familia Cósmica

El estado de conciencia más elevado es la "unidad". En este estado, todas las divisiones entre nosotros se disuelven, y nuestra percepción de la realidad se reestructura por completo. El problema al que nos hemos enfrentado a lo largo de la historia es que la población en general opera en un nivel bajo de conciencia, lo que le impide percibir esta realidad superior.

Como Semilla Estelar, eres una de las pocas personas en la Tierra que puede acceder a estos estados superiores de conciencia. Esto se debe simplemente a que estás más abierto a nuevas ideas, y puedes ver claramente la verdad sobre la realidad y ver a través de las ilusiones de tu mundo físico. Estás naturalmente dotado de conciencia y percepción, que puedes utilizar en tu beneficio.

Elevar tus vibraciones te ayudará a mantenerte fiel a tu destino superior y te facilitará la comunicación con tu familia en las estrellas. Uno de los mayores retos a los que se enfrentan las Semillas Estelares es vivir en un cuerpo físico que no vibra en la misma frecuencia que su alma. Esto se debe a que es difícil comunicarte con personas que no resuenan en el mismo nivel de conciencia que tú.

Aunque pueda parecer un pequeño detalle, tu vibración es muy importante porque, a través de la comprensión de cómo funciona tu energía y el mantenimiento de niveles saludables de vibración, estarás más en sintonía con la vibración de tu alma y te comunicarás más eficazmente con tu familia cósmica.

Cómo contactar a tu Familia Cósmica

Hacer contacto es siempre una experiencia profundamente personal, pero hay algunas claves para tener en cuenta para ayudarte a abrirte a la experiencia. Cuando llegue el momento y estés preparado para establecer contacto, tu vibración debe estar en su punto más alto para recibir información de tu familia estelar. Esto significa mantener una práctica de meditación saludable, alimentar tu relación contigo mismo y mantenerte fiel a tu búsqueda espiritual. Las siguientes son técnicas que pueden ayudarte a acceder a tu conciencia cósmica y conectar con tu familia galáctica:

- **Alinear tus chakras**

    El sistema energético humano consta de siete centros chakra alineados a lo largo de la columna vertebral, desde la base del coxis hasta la coronilla. Son una parte esencial de la anatomía energética del cuerpo, y cada chakra tiene su color correspondiente y se relaciona con un aspecto de la vida, como el amor, la confianza, la autoestima y la sabiduría. Cuando todos tus chakras funcionan correctamente, puedes mantener una saludable sensación de energía positiva fluyendo en tu vida, haciendo mucho más fácil elevar tu vibración y contactar con tu familia cósmica.

- **Meditar**

    La meditación regular te permitirá ser más consciente de tus pensamientos, sentimientos y emociones. Y a medida que vayas sintonizando más con tu ser interior, te resultará más fácil acceder a formas de pensamiento superiores y recibir conscientemente información de otras dimensiones.

- **Aprender a leer los mensajes de tus guías**

    Muchas personas no son conscientes de que están siendo contactadas por su familia cósmica, razón por la cual a menudo no se dan cuenta cuando algo extraño o inesperado sucede en sus vidas. Si no sabes cómo reconocer las señales interdimensionales, puede ser difícil interpretar cualquier mensaje que puedan estar enviándote. Los mensajes pueden venir de muchas formas, normalmente señales, sincronicidades o incluso sensaciones físicas. La mayoría de las veces, serán entregados en formas que coinciden con tu personalidad y circunstancias, por lo que puede ser difícil identificarlos si no eres consciente de que existen.

- **Recibir y registrar tus pensamientos**

    Registrar tus pensamientos es una de las formas más efectivas de conectarte con tu familia cósmica. Cuando escribes lo que piensas, te haces consciente de la información que te transmite tu alma y te sintonizas más con tu propia conciencia superior. Este proceso te permitirá darte cuenta de cómo tu familia estelar influye en tus pensamientos y te dará la oportunidad de comunicarte con ellos.

- **Escuchar tus sueños**

    Los sueños no son sólo una fuente de entretenimiento o una forma en que tu mente conjura imágenes aleatorias. Suelen ir acompañados de un conjunto de información, y pueden servir para comunicarte con tu familia cósmica. Nunca recibirás más mensajes de tus guías que cuando estás soñando, así que deberías tomarte el tiempo de grabarlos por la mañana después de despertarte de un sueño.

- **Mantenerte fiel a tu búsqueda espiritual**

    Tu cuerpo está *literalmente* hecho de polvo de estrellas, lo que significa que cada célula de tu cuerpo tiene orígenes extraterrestres y lleva genes extraterrestres. Tu ADN es único para ti y no se ve afectado por tus experiencias en el mundo físico, pero también es capaz de almacenar información de otras dimensiones, lo que te convierte en una extensión viva del cosmos. Al vivir coherentemente de acuerdo con tu búsqueda espiritual, te será mucho más fácil entrar en contacto con tu familia cósmica.

El arte de la visualización

La visualización es una de las técnicas más poderosas de las que dispone el buscador espiritual. Consiste en utilizar la imaginación para crear una imagen mental en la que se concentra la mente consciente. La visualización puede parecer magia porque puede crear sensaciones físicas y resultados en el mundo real. Los místicos la han utilizado durante miles de años para la práctica espiritual, la manifestación, la curación y mucho más. Aquí tienes algunos consejos para dominar esta poderosa técnica:

- **Utiliza tu imaginación:** La visualización puede ser muy poderosa, pero tienes que ser capaz de visualizar lo que quieres para que suceda. Para ello, tienes que imaginar cómo te sentirías si ya estuvieras en el estado de lo que deseas. Es clave que te concentres en tu objetivo con la mayor claridad y concentración posibles para que, cuando la visualización esté completa, tu mente esté totalmente comprometida y sea mucho más fácil para tu energía atraer las cosas o experiencias que coincidirían con tu realidad deseada.
    - **Visualiza en tres dimensiones:** Al visualizar, todo es energía y puede adoptar la forma que desees. Tu objetivo es centrarte en el resultado deseado y visualizarlo en tres dimensiones para ver cómo te sentirías si ya lo tuvieras.
    - **Añade color y movimiento:** Añadir color y movimiento a tu visualización la hace más poderosa dado que la energía se mueve constantemente en patrones dictados por la ley de la atracción. Cuando visualizas de esta manera, estás creando una imagen mental y formando una carga energética, lo que ayudará a que tu visualización sea lo más efectiva posible.
    - **Hazlo simple:** Cuanto más específica sea tu visualización, más claramente verás lo que quieres y mejor podrás comunicar tus deseos a tu familia cósmica. Las visualizaciones con carga emocional suelen funcionar

mejor, así que es mejor centrarte en cómo te haría sentir algo que en los detalles concretos de lo que estás visualizando.

Tu familia cósmica ha estado trabajando junta durante eones para protegerte y guiarte a través de todas las experiencias, retos y lecciones por las que estás pasando actualmente. Aunque no interactúen físicamente contigo a diario, siempre están ahí, desempeñando un papel activo en tu vida para ayudarte a convertirte en tu mejor versión de ti mismo. Cuanto más aprendas sobre estos seres, más querrás relacionarte con ellos y más fácil te resultará trabajar juntos por un propósito común.

Capítulo 4: Semillas Estelares Andromedanas

Las Semillas Estelares Andromedanas son un grupo único de almas originarias de la galaxia de Andrómeda (M31), una de las galaxias más cercanas a nuestra Vía Láctea. Se trata de una galaxia espiral, muy diferente de la Vía Láctea, una galaxia elíptica. Andrómeda está formada por aproximadamente un billón de estrellas y tiene tres veces el tamaño de la Vía Láctea. Posee dos brazos espirales primarios, cuatro más pequeños y una gran protuberancia central. Tiene un halo muy grande de cúmulos globulares esféricos alrededor de su cuerpo principal. Debido a la interacción de su gran número de estrellas, Andrómeda tiene una forma muy compleja, y los astrónomos la han comparado con una "pintura exquisita" debido a esta complejidad.

Se cree que la galaxia de Andrómeda es el lugar de nacimiento de las Semillas Estelares Andromedanas '

Origen de las Semillas Estelares Andromedanas

Se cree que los andromedanos son descendientes de la raza de almas conocida como los lyranos, que huyeron a Andrómeda desde Lyra. Esta migración fue el resultado directo de la guerra Draco-Lyran, en la que los lyranos fueron expulsados de su tierra natal por el deseo draconiano de codicia, dominio y poder.

Los andromedanos son conocidos por sus avanzadas capacidades tecnológicas y su profunda sabiduría espiritual. Se dice que tienen una gran comprensión del universo y su funcionamiento, y a menudo comparten este conocimiento con otras civilizaciones para ayudarles a evolucionar. Las Semillas Estelares Andromedanas están fuertemente conectadas con el sistema estelar Andromedano y su energía. Se supone que poseen habilidades y capacidades únicas que les permiten aprovechar esta energía y utilizarla para la curación, la manifestación y el crecimiento espiritual.

Canalizadores como Robert Shapiro y Barbara Marciniak han afirmado recibir información sobre los andromedanos y sus enseñanzas. Según estas fuentes, el principal mensaje que los andromedanos tienen para nosotros gira en torno a la idea de que todos somos un solo ser. Esta idea es un aspecto muy valioso de la filosofía andromedana, y se ha ido fortaleciendo a medida que más personas despiertan al hecho de que deberíamos experimentarnos como parte de toda la vida en lugar de separados de ella.

Puede que sea una novedad para ti que todas las Semillas Estelares Andromedanas no son necesariamente de Andrómeda. Algunas de estas almas fueron creadas en la Tierra, específicamente en la Atlántida, por los Andromedanos, y han estado evolucionando aquí y en todo el cosmos con humanos, extraterrestres y otros grupos de almas durante miles de años. Las Semillas Terrestres Atlantes son consideradas Semillas Estelares porque fueron hechas por Andromedanos y contienen codificación de energía Andromedana.

Las Semillas Estelares Andromedanas son una combinación de almas que vienen directamente de Andrómeda y Semillas Terrestres Atlantes que evolucionaron en la Tierra, pero que todavía contienen ADN Andromedano. Estas almas han progresado a través de un cierto número de ciclos cósmicos (basados en el propósito de su alma) y han elegido integrar toda su conciencia a través del proceso de encarnación en este planeta. Debes saber que esto no es una tarea sencilla, y requiere años, incluso vidas enteras, de experiencia y dedicación por parte del alma para ser capaz de encarnar plenamente su propósito aquí.

Características de una Semilla Estelar Andromedana

Se dice que los andromedanos proyectan una energía muy suave y gentil, pero son extremadamente perceptivos y a menudo poseen una capacidad innata para sentir la energía de los demás. Aportan amor, compasión, perdón y aceptación incondicional a sus interacciones con otras personas. Poseen una capacidad natural para atraer la energía y los recursos de la galaxia de Andrómeda con bastante facilidad, lo que los hace individuos muy especiales. Estas Semillas Estelares son muy sensibles a los dones inherentes en su estructura del alma, y esta sensibilidad puede ser una parte muy vital de la vida de un Andromedano. Las siguientes características deberían describir a una Semilla Estelar Andromedana:

- **Tu frecuencia vibratoria encaja perfectamente con la galaxia de Andrómeda**

    La energía de Andrómeda es muy poderosa, pacífica y dichosa. No compite con otras energías y no tiene ningún deseo dominante de controlar el universo que la rodea. Su intención es crear paz y armonía a través de la tolerancia y el amor incondicional. Como una Semilla Estelar Andromedana, puedes sentirte muy identificado con estas cualidades y sentir una profunda conexión con la energía de la galaxia Andrómeda. Tienes una vibración cristalina, aunque no seas consciente de ello. Existe un equilibrio tan fino en tus campos energéticos que te permite sintonizar con Andrómeda como nadie más puede hacerlo.

- **Tienes un intenso deseo de ayudar a la humanidad a despertar espiritualmente**

    Las Semillas Estelares que proceden de Andrómeda son seres muy espirituales. Comprenden el complejo funcionamiento del universo y han pasado gran parte de su vida tratando de darles sentido. Por ello, están muy interesados en la evolución espiritual de la raza humana. A veces pueden ser percibidos como extremadamente pedagógicos, porque siempre están intentando ayudarnos a conocernos mejor y a ampliar nuestra conciencia de las energías superiores. Pueden sentir cuando un alma necesita orientación espiritual.

- **Eres muy sensible a la energía de los demás**

Las Semillas Estelares Andromedanas tienden a ser muy empáticas y sensibles a las emociones de los demás. Cuando interactúas con las personas, casi te parecen un libro abierto debido a esta sensibilidad energética. A menudo puedes saber si alguien está actuando con integridad o está operando desde un estado de miedo. Algunos andromedanos son muy conscientes de cómo la gente utiliza sus emociones para controlar a los demás. Pueden sentir cuando alguien está proyectando una energía que no es auténtica - y esto puede ser muy intenso para ellos. Sin embargo, esto les permite desenvolverse en situaciones sociales con soltura y gracia.

- **Tienes un profundo conocimiento de las leyes espirituales que rigen el universo**

Los andromedanos son muy conscientes de lo que llamamos "leyes espirituales", y pueden utilizar esta comprensión para manifestar la energía y darle forma en el mundo físico con bastante facilidad. Tienen una comprensión innata de cómo funciona el universo y saben que es imposible crear una forma de vida sin crear primero su plano. Esto concuerda con su antiguo concepto de que todos somos un solo ser, hecho de la misma estructura atómica.

- **Tienes un profundo deseo de comprender tu propósito aquí en la Tierra**

Las Semillas Estelares Andromedanas tienden a tener una clara idea de lo que necesitan hacer en sus vidas, y siempre están buscando oportunidades para hacer este trabajo, incluso cuando no saben por qué se sienten obligadas a hacerlo. Este conocimiento intrínseco del trabajo que han venido a hacer hace que se sientan en una misión. Se dejan llevar por su intuición y por lo que energéticamente "les parece bien". Cuando se encuentran ante una oportunidad, saben intuitivamente si está o no alineada con su propósito y, si no lo está, lo más probable es que la dejen pasar.

- **Tu libertad lo es todo**

  Las Semillas Estelares Andromedanas tienen un profundo sentido de la libertad, y éste es uno de sus mayores deseos. Tienen confianza y seguridad en lo que son y en lo que hacen. Por eso, a menudo les gusta expresarse y probar cosas nuevas. Creen en la igualdad de espíritu y son muy intolerantes con quienes abusan de su poder o pretenden dominar a los demás. Por ello, los andromedanos pueden ser percibidos como rebeldes, enérgicos o temperamentales.

- **Sientes una conexión muy fuerte con tu grupo de almas**

  Una vez que te das cuenta de que eres una Semilla Estelar Andromedana, puede inundarte un sentimiento de pertenencia o incluso una sensación de vuelta a casa. Esto se debe a que lo semejante atrae a lo semejante, y la energía de Andrómeda es algo que tu alma ha estado anhelando durante toda su existencia. Debido a esta conexión, puedes crear fácilmente un hermoso vínculo con otros Andromedanos.

Mitos y tradiciones

Andrómeda era hija del rey Cefeo y de Casiopea de Etiopía. Casiopea, su madre, presumía de ser más bella que las Nereidas, las siervas de la diosa del mar Tetis. Enfadado por este insulto, Poseidón envió un monstruo marino para que arrasara Etiopía como castigo divino. Los padres de Andrómeda se vieron impotentes ante este ataque, por lo que acudieron a su Oráculo en busca de consejo. El Oráculo les sugirió que ofrecieran a su hija en sacrificio al monstruo y, sin contemplaciones, Andrómeda fue encadenada a una roca en la orilla, donde esperó la muerte.

Según la leyenda, Perseo se encontraba en la zona de regreso tras haber matado a Medusa y rescatado al futuro marido de Andrómeda, Fineo, que había sido convertido en piedra por la mirada de Medusa. Cuando encontró a Andrómeda encadenada a una roca, Perseo se enamoró inmediatamente de ella. Mató al monstruo con su espada, aunque algunos relatos afirman que utilizó la cabeza de Medusa para convertirlo en piedra. En cualquier caso, Andrómeda se salvó.

Tras su rescate, la diosa Atenea le prometió a Andromeda un lugar en los cielos y, cuando murió, la promesa fue cumplida. Andrómeda obtuvo un lugar en el cielo entre las constelaciones de Casiopea, Cefeo y

Perseo. Ese lugar se conoce hoy como la constelación de Andrómeda, y la historia de la bella princesa y su heroico salvador ha quedado inmortalizada en las estrellas.

Cómo encontrar tus marcas de Semilla Estelar

Las marcas de Semilla Estelar no son marcas de nacimiento, como muchos podrían pensar, sino algo más intrigante. Estas marcas son indicadores en tu carta natal de que puedes ser una Semilla Estelar y pueden ayudarte a averiguar de qué sistema estelar procede tu alma. Tu carta natal contiene mucha información sobre el propósito de tu vida y tu personalidad. Se basa en la posición de los planetas cuando naciste y ofrece un plano energético de tu vida. Puedes observar este patrón energético y ver qué tipo de experiencias tendrás, qué cualidades compartirás con los demás y qué lecciones de vida aprenderás. Cada constelación de origen estelar tiene un patrón de energía que puede verse en las cartas natales de todos los nacidos bajo ese origen estelar. Estas marcas son similares a las huellas dactilares en el sentido de que son únicas para cada grupo de la Semillas Estelares y se pueden utilizar como una forma de identificar quién eres realmente. Esto se debe a que la carta natal refleja dónde estábamos antes y hacia dónde nos dirigimos en esta vida. Es un mapa de dónde hemos estado y un atisbo de lo que podemos esperar experimentar a medida que avanzamos en nuestro viaje aquí en la Tierra.

La carta natal no es sólo para las Semillas Estelares; si crees que eres una Semilla Estelar, puedes obtener una lectura de la carta de un astrólogo profesional familiarizado con los orígenes estelares. Las marcas de tu carta serán interpretadas en el contexto de tu linaje genético, y la carta será analizada a fondo para determinar qué rasgos y dones compartes con tu familia estelar. También puedes consultar tu carta natal tú mismo, aunque es recomendable que te la lea un profesional, ya que puede resultar bastante compleja.

Un Mensaje para las Semillas Estelares Andromedanas

Querida Semilla Estelar Andromedana, Perteneces a una de las familias estelares más gloriosas del universo, y el patrón de ADN que llevas dentro de tu cuerpo sólo está presente en otros pocos grupos de Semillas Estelares. Aunque puedas sentir que no perteneces aquí, sí perteneces, y has venido a la Tierra en este momento para ayudar a salvar a esta civilización de su propia destrucción. Estás aquí para ayudar a elevar la conciencia humana y apoyar a aquellos que están listos para abrazar su esencia espiritual. Naciste con un fuerte sentido de conocimiento innato sobre tu propósito, por lo que a menudo te sientes impulsado u obligado por un sistema de guía intuitivo. Esto te facilita encontrar información útil sobre ti mismo o sobre los demás.

La Semilla Estelar Andromedana es un ser muy inteligente que tiene un profundo sentido de la libertad y no le importa que le digan lo que tiene que hacer. Le gusta aprender cosas nuevas y visitar lugares nuevos para conocer culturas, creencias y tradiciones diferentes. Esto te convierte en un excelente embajador de tu familia estelar. Estás aquí para enseñar y compartir con los demás las enseñanzas andromedanas sobre el amor, la verdad y la unidad. Tienes un profundo sentido de la compasión por todos los seres vivos y harás lo que sea necesario para ayudar a los demás.

Capítulo 5: Semillas Estelares Pleyadianas

Los pleyadianos son una raza de seres del sistema estelar de las Pléyades, a unos 430 años luz de la Tierra. Este hermoso cúmulo de estrellas, uno de los sistemas estelares más cercanos a nosotros, está situado en la constelación de Tauro y es fácilmente visible a simple vista. Las Pléyades contienen más de 1.000 estrellas, aunque sólo un puñado son fácilmente visibles. Estas estrellas son relativamente jóvenes, con una edad estimada de unos 100 millones de años. La estrella más brillante del cúmulo es Alcyone, que es unas 10 veces más masiva que nuestro Sol y unas 10.000 veces más brillante.

Muchas antiguas civilizaciones veían a estas estrellas como las Siete Hermanas, y el nombre Pléyades proviene de la palabra griega "plein", que significa "navegar" o "alejarse". Se cree que eran consideradas las estrellas que guiarían a los marineros a buen puerto, y el cúmulo fue inmortalizado en el mito de las Siete Hermanas, hermanas que se transformaron en estas estrellas. Hoy en día, sin embargo, se acepta generalmente que sólo seis estrellas son visibles a simple vista, pero algunas personas han informado haber visto siete estrellas en las Pléyades, y esto ha dado lugar a una leyenda que afirma que una de las estrellas "perdidas" fue desterrada a la Tierra por ser demasiado bella.

Se cree que el sistema estelar de las Pléyades es la raíz de las Semillas Estelares Pleyadianas'

Semillas Estelares Pleyadianas

Al igual que otras Semillas Estelares, muchos Pleyadianos han venido aquí a la Tierra para ayudar a elevar nuestra conciencia a medida que hacemos la transición de un planeta de 3ª dimensión a uno de 4ª dimensión. Vienen a ayudarnos en nuestro viaje evolutivo a medida que progresamos hacia convertirnos en seres más evolucionados espiritual y emocionalmente, junto con estar más sanos físicamente. Los Pleyadianos han estado aquí en la Tierra durante muchos miles de años, ayudando a guiar a la humanidad a través de muchos grandes acontecimientos históricos y culturales. Están profundamente conectados con la historia de nuestro planeta, y nosotros hemos compartido durante mucho tiempo una profunda conexión con ellos. Proceden de la 5ª dimensión y viven como seres físicos en la Tierra, sin perder de vista sus conexiones galácticas. Son como nosotros, pero han evolucionado para vivir sin guerras, hambre ni codicia.

En la Tierra, viven para ayudar a otros a encontrar el camino de vuelta a casa y vienen en número cada vez mayor desde 1987. Comparten su amor por la vida con nosotros y celebran la vida en la Tierra como un regalo sagrado del Creador.

Las Semillas Estelares Pleyadianas vienen a esta vida con un propósito cósmico especial. Comparten sus dones y su energía curativa con nosotros para ayudarnos a despertar de nuestra conciencia limitada y de nuestra escasa percepción de la realidad. Su misión es traernos amor, ayudarnos a recordar quiénes somos y reconectarnos con nuestra herencia galáctica y naturaleza divina. Están aquí para ayudar a romper el viejo sistema para que podamos experimentar el nuevo.

Para TODAS las almas extraterrestres, se sabe que las Pléyades son un punto focal o escuela de aprendizaje. Esta "escuela" no se parece a nada que podamos imaginar; se dice que despierta extraordinarias habilidades de crianza, resuelve desequilibrios entre la energía femenina y masculina y agudiza la energía creativa. Es un lugar de aprendizaje en el que, paradójicamente, no interviene la mente intelectual, sino la intuitiva.

Nuestros aliados extraterrestres se encuentran en un estado de asombro constante ante el alcance y la profundidad de la vida en la Tierra. Sienten reverencia por las formas de vida que encuentran y a menudo se asombran de la capacidad de nuestro planeta para prosperar a pesar de todos sus obstáculos. Sienten curiosidad por la historia, la cultura y la religión de nuestro planeta, pero hasta ahora se han mantenido al margen de estos conflictos y se han abstenido de interferir en nuestros asuntos. Han permanecido en silencio mientras luchábamos entre nosotros por los recursos, el poder, la tierra y la codicia. Han sido testigos de las atrocidades que ha sufrido nuestro planeta y, aunque se compadecen de nuestro dolor, saben que debemos aprender de estas experiencias para poder evolucionar como raza. Ha llegado el momento de que den un paso al frente y compartan con nosotros sus mensajes de amor, esperanza y libertad.

Características de una Semilla Estelar Pleyadiana

A los pleyadianos se los suele llamar los "guardianes del conocimiento", y su misión en la Tierra es ayudar a la humanidad a encontrar el camino de vuelta a su familia galáctica. Proceden de un plano espiritual superior donde no hay guerras, pobreza ni hambruna. Los pleyadianos están aquí para ayudarnos a recordar quiénes somos realmente y para reconectarnos con nuestra naturaleza divina. Desean que reivindiquemos nuestra herencia galáctica y recordemos que formamos parte de una gran familia de naciones estelares. Nuestros amigos extraterrestres están aquí no sólo para compartir sus conocimientos con nosotros, sino también para ayudarnos a elevar la vibración del planeta en su conjunto, así que, si eres una Semilla Estelar Pleyadiana, los siguientes rasgos resonarán contigo:

1. Las Semillas Estelares Pleyadianas son individuos sensibles, muy empáticos y que sienten las cosas con facilidad. Al pensar en los demás antes que en sí mismos, tienen dificultades para decir que no cuando se les pide ayuda. Sienten el sufrimiento de los demás en su corazón y pueden implicarse profundamente en causas humanitarias si no hay nadie más a quien ayudar. Debido a su naturaleza compasiva, pueden sufrir depresión si la realidad que les rodea es demasiado oscura o dolorosa.
2. Las Semillas Estelares Pleyadianas tienen un alto nivel de percepción intuitiva aguda que les permite ver el mundo de forma única. Entienden que la vida no es sólo física y que uno debe mantener su mente y su corazón abiertos a nuevas posibilidades.
3. Los pleyadianos son seres muy espirituales, pero no creen en la religión. Si has estudiado religión, puedes llegar a la conclusión de que un gran número de religiones no tienen sentido. La religión se utiliza a menudo para controlar a la gente y evitar que confíen en su espiritualidad innata. Las Semillas Estelares Pleyadianas no tienen ningún problema en ver a Dios o a lo divino como una entidad natural y hermosa, similar a la naturaleza.
4. Los pleyadianos creen que todos formamos parte de una unidad: un cuerpo con muchas partes diferentes. Al igual que tenemos diferentes órganos, cada uno con su función especial, nuestro planeta también está conectado de esta manera. Entienden que nuestra conexión con la naturaleza nos abre las puertas para comunicarnos con ella y pedir su ayuda cuando necesitamos curación o protección. Creen que todos somos uno, conectados con todo lo que hay en el planeta, y que debemos unirnos como un grupo de almas supergalácticas para experimentar nuestro verdadero poder.
5. Las Semillas Estelares Pleyadianas tienen inclinaciones musicales. Disfrutan interpretando y escuchando música porque les abre a estados superiores de conciencia. La música puede conducir a sentimientos de dicha y éxtasis, que pueden ser

curativos en sí mismos.

6. A los pleyadianos les gusta el arte por la misma razón. Es una expresión del alma, algo que sienten en lugar de ver con los ojos. Al igual que las canciones que escuchan, encuentran el arte profundamente conmovedor y liberador. Les encanta la idea de que el arte es un lenguaje de comunicación disponible para todos nosotros y que puede utilizarse para sanarnos y unirnos.

7. Los pleyadianos son seres pacíficos que pueden apartarse de los problemas de este planeta y simplemente observar desde una perspectiva más elevada. A menudo pueden ver que hay otra forma de abordar nuestras dificultades sin involucrarse en guerras o violencia. Pueden tomar decisiones que reflejen su sabiduría en lugar de seguir el estrecho camino de la violencia porque les parece el único camino.

8. Los pleyadianos tienden a complacer a la gente. Como sienten compasión y comprensión por los demás, se desviven por complacer a la gente que les rodea. Pueden ver de dónde venimos, incluso cuando nosotros mismos no lo vemos. Esto a veces los lleva a ser aprovechados por otros que pueden dar por sentada su amabilidad.

9. Los Pleyadianos son excelentes compañeros de conversación porque les encanta compartir ideas. A menudo se los percibe como mariposas sociales debido a su personalidad vibrante y extrovertida y a su profunda curiosidad por la gente que los rodea.

10. Las Semillas Estelares Pleyadianas tienden a ser signos de agua, es decir, Piscis, Escorpio y Cáncer. Los signos de agua tienen una profunda intuición psíquica que les permite sentir las emociones de los demás. Estos signos también son sensibles, imaginativos y están muy en sintonía con su mundo interior. La personalidad de un signo de agua encaja perfectamente en una sociedad patriarcal que da demasiada importancia al materialismo.

Mitos y tradiciones

El relato mitológico griego de las Pléyades es una de las historias favoritas de los antiguos griegos. Las Pléyades eran las siete hijas de Atlas y Pleione y eran conocidas por su hermosura y su gracia. Sin embargo, su belleza llamó la atención de Orión, un gigante cazador que las perseguía sin descanso. Para proteger a las hermanas de los avances de Orión, Zeus las transformó en estrellas y las colocó en el firmamento como una constelación. Hoy en día, las Pléyades siguen fascinando a astrónomos y observadores de estrellas. Su brillante resplandor azul y su distintivo patrón las hacen fáciles de ver en el cielo nocturno, y los científicos las han estudiado exhaustivamente durante décadas. Además de aportar valiosos datos científicos, las Pléyades también tienen un significado cultural en muchas sociedades de todo el mundo. Desde la antigua Grecia hasta el Japón actual, estas siete estrellas siguen cautivando nuestra imaginación e inspirándonos con su belleza y misterio.

Un Mensaje para las Semillas Estelares Pleyadianas

Querida Semilla Estelar Pleyadiana, Tu misión en la Tierra ahora es ser parte de las nuevas comunidades espirituales, metafísicas y científicas que están trabajando activamente para crear un nuevo paradigma de pensamiento basado en la conciencia de unidad y la comprensión de que todos somos uno. Tienes una fuerte conexión telepática con el cúmulo estelar de las Pléyades, y muchos de ustedes ya pueden ser conscientes de sus orígenes de Semilla Estelar, aunque pueden estar confundidos acerca de lo que eso significa en este momento. Tienes un profundo deseo de ayudar a la Tierra y a sus habitantes, y quieres encontrar una manera de hacer que tu vida cuente para algo significativo. Si esta misión resuena contigo, es hora de empezar a pensar en formas de implicarte más en esfuerzos humanitarios y conectar con otros que también buscan un propósito mayor. Participar en comunidades espirituales y de la nueva era es un buen punto de partida.

Capítulo 6: Semillas Estelares Sirias

Sirio es una estrella de la constelación del Can Mayor y la más brillante del cielo nocturno. También es una de las estrellas más cercanas a nosotros, por lo que los científicos la han estudiado mucho. Se trata de una antigua constelación que representa a un perro o perro de caza, en particular un gran sabueso mantenido por la realeza debido a su velocidad y agilidad. Desde el principio de los tiempos, ha sido una estrella importante. Era valiosa para los navegantes, que la utilizaban para medir distancias en el cielo nocturno porque tendía a brillar y luego a apagarse, lo que les permitía a los marinos determinar su ubicación con precisión. Cuando se realizan largos viajes y travesías por mar, tener un punto de referencia que guíe el camino siempre es útil.

El nombre Sirio procede de la palabra griega "*seirios*", que significa abrasador o ardiente. Es un sistema estelar binario, lo que significa que tiene dos estrellas: Sirio A y Sirio B. Sirio A es la más brillante de las dos y Sirio B la órbita. Los antiguos pueblos creían que Sirio era una casa u hogar para pequeños seres parecidos a perros, y muchas tribus nativas americanas tienen historias sobre ellos. Sabían que Sirio era una parte muy importante de su existencia porque siempre podía verse en el cielo, y su movimiento les ayudaba a saber la hora, las estaciones e incluso el estado de sus cacerías. También significaba que la vida era posible en otros mundos, concretamente, que una estrella o planeta podría tener vida en él.

El origen de las Semillas Estelares Sirias, conocidas como Sirio

Semillas Estelares Sirias

Las Semillas Estelares Sirias vienen al planeta Tierra desde hace mucho tiempo. Estos seres suelen ser viajeros, exploradores y expertos en matemáticas, ciencia y tecnología. Tienen un compromiso único con el avance del conocimiento y la exploración espacial. Han dedicado sus vidas a la verdad, al crecimiento espiritual y a la protección de la vida. Vienen a la Tierra como científicos, astronautas, inventores, filósofos y maestros espirituales. Son pacientes, tranquilos y les encanta leer. Son espíritus libres que tienen un gran sentido del humor y les gusta bromear. También son seres longevos, muy inteligentes, enérgicos y pacíficos. Los sirios son conocidos por sus contribuciones al mundo de la ciencia, la tecnología y la medicina. Descubren curas, inventos y vacunas para enfermedades devastadoras que han asolado a la humanidad en el pasado.

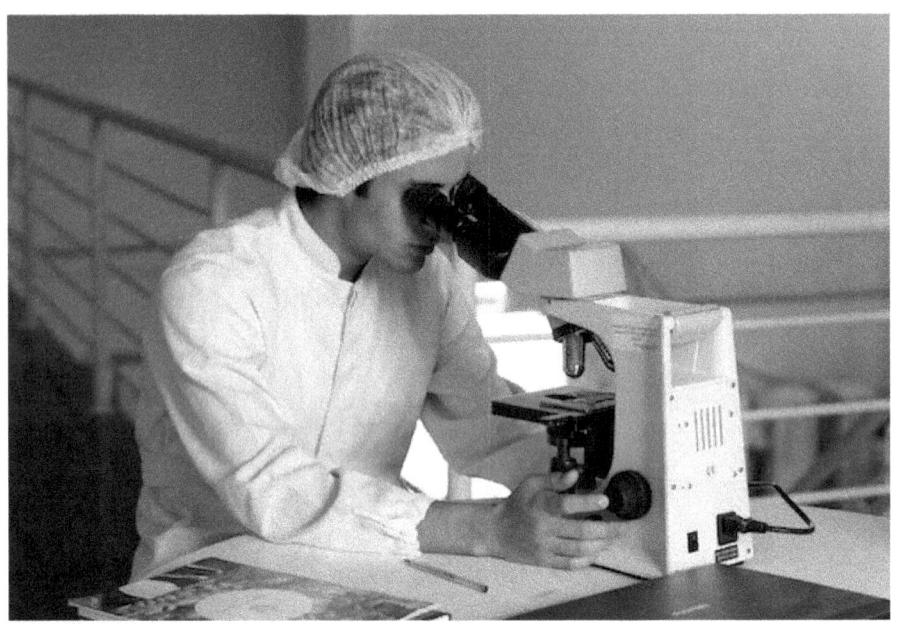

A las Semillas Estelares Sirias les encanta beneficiar a nuestra Tierra de cualquier forma que puedan [7]

Los sirios se sienten atraídos por personas de todas las razas y culturas. Suelen casarse fuera de su raza o nacionalidad, ya que sienten una gran curiosidad por otras culturas y experiencias. También tienen una perspectiva universal de la vida, mostrando un gran respeto por otras razas, culturas y etnias. Son abiertos y aceptan a todas las personas y valoran la diversidad.

Estas Semillas Estelares suelen tener una espiritualidad muy desarrollada y son conscientes de su conexión con la Tierra. Respetan la naturaleza y mantienen un equilibrio saludable entre ellos y el mundo que les rodea. Trabajan diligentemente para mantener la armonía entre su entorno, el medio ambiente y otras razas. *Son almas bondadosas*, siempre están dispuestos a ayudar a los necesitados, lo que los convierte en cuidadores naturales. Sienten una gran compasión por los demás y quieren sanar el mundo. Sin embargo, deben tener cuidado a la hora de involucrarse en los problemas de los demás, ya que podrían acabar descuidándose a sí mismos en el proceso.

Las Semillas Estelares Sirias son fantásticos terapeutas, maestros y mentores para los niños. Son muy reflexivos y perspicaces, y les encanta estar con niños porque es muy fácil conectar con ellos. Estas Semillas Estelares también pueden ser muy intuitivas y pueden sentirse atraídas por carreras en los campos metafísico o psíquico. Conocidos por su impecable control de las emociones, pueden tomar decisiones racionales cuando se enfrentan a situaciones difíciles. También son muy empáticos y poseen un profundo conocimiento de las intenciones de las personas, lo que les permite predecir resultados y determinar si los demás están siendo sinceros con ellos.

Su creatividad y lógica son legendarias, lo que los convierte en buenos solucionadores de problemas y organizadores de eventos. Sin embargo, tienen un temperamento que los lleva a tomarse todo como algo personal. Por eso, cuando algo va mal, asumen que es culpa suya y vuelcan su frustración hacia dentro.

Características de una Semilla Estelar Siria

1. **Gran sentido del humor:** A los sirios les encanta bromear y hacer reír. Son ingeniosos y divertidos, y disfrutan gastando bromas pesadas a sus amigos. Les encanta contar historias y tienen una gran memoria para los relatos humorísticos, que aman compartir con los demás.

2. **Grandes pensadores:** Los sirios son bastante analíticos y disfrutan discutiendo ideas filosóficas o metafísicas con los demás. Pueden calmarse sentándose a meditar en silencio, dejando que su mente se aleje de las situaciones que les provocan estrés.

3. **Alto coeficiente intelectual y disciplina:** A los sirios les encanta trabajar duro y estar concentrados, lo que los convierte en excelentes estudiantes. También son organizados por naturaleza y tienen buena cabeza para las matemáticas y las ciencias. Sobresalen en la resolución de problemas y la lógica y están siempre dispuestos a aprender cosas nuevas.

4. **Fuerte intuición:** Los sirios tienen un sentido innato para saber lo que ocurre a su alrededor y entienden por qué la gente actúa de determinadas maneras. Esto los ayuda a involucrarse en la vida de los demás con mucha facilidad, ya que pueden relacionarse con los demás a un nivel profundo.

5. **Buenos oyentes:** A los sirios no siempre les gusta hablar porque prefieren escuchar a los demás. Son muy comprensivos e intentan no juzgar a la gente. Esto los

convierte en grandes oyentes, ante quienes los demás se abren con bastante facilidad.
6. **Amor por la naturaleza:** A los sirios les apasiona el medio ambiente y se esfuerzan al máximo por poner de su parte para preservarlo. Respetan la naturaleza y comprenden su importancia en sus vidas.
7. **Tranquilos:** A los sirios no les gusta estresarse ni enfadarse por cosas que no pueden controlar. Tienden a hacer concesiones para que todos puedan disfrutar del mismo nivel de felicidad.
8. **Pensadores originales:** Los sirios tienen una buena mente para resolver problemas y son buenos desarrollando nuevas ideas. Esto los hace extremadamente creativos e innovadores en cualquier campo en el que se encuentren.
9. **Padres naturales:** A los sirios les encantan los niños; no hay otra forma de decirlo. Tienen mucha paciencia para tratar con ellos y están encantados de ayudar a sus amigos con niños.

Sirio y la tribu Dogón

La tribu dogón es un grupo de indígenas que vive en Malí, en África Occidental; se cree que son los antepasados de los bereberes. Los sirios los visitaron hace miles de años y les enseñaron astronomía, culto a las estrellas y reencarnación. La tribu identificó a Sirio como el hogar de seres, o gente de las estrellas, como ellos los llamaban, que viajaban por el espacio en una nave de luz azul. Estos sabios maestros les transmitieron conocimientos avanzados de matemáticas, ciencia y medicina. Eran los responsables de la creación de las obras de arte, tallas y estatuas de la tribu. Esta gente de las estrellas incluso los ayudó a construir una enorme estructura de varios pisos llamada granero. Se construyó a gran escala y era el único de su clase en toda la región. También fueron los responsables de crear los escritos jeroglíficos de la tribu para almacenar sus avanzados conocimientos y sabiduría.

Sirio y los egipcios

La mitología egipcia tenía muchas conexiones con Sirio, y a menudo se referían a ella como Sothis. No se sabe mucho sobre su relación con la estrella, pero se sospecha que la bautizaron con el nombre de uno de sus dioses. Esto tendría sentido, teniendo en cuenta que eran espirituales y estaban profundamente ligados a sus creencias. También se cree que Sirio pudo ser una parte importante de su cultura porque muchos de sus símbolos están relacionados con ella, incluido el ojo, que representaba la divinidad. Además, consideraban la estrella como un calendario y la utilizaban para guiarse a través del ciclo vital anual y las estaciones. Sirio debió de ser especialmente importante para su religión porque los egipcios afirmaban que era un portal que les conectaba con otros mundos.

Un Mensaje para las Semillas Estelares Sirias

Querida Semilla Estelar Siriana, Se te conoce como "Semilla Solar" porque eres la portadora de la luz y la verdad y eres crucial para la humanidad a medida que comienza la era de Acuario. Contienes la sabiduría de todas las eras, y la línea de sangre de la que procedes es significativa. El registro akáshico se almacena en el alma, y la forma física es la manifestación del registro akáshico. Esta es la razón por la que tu trabajo como Semilla Estelar depende tanto de tu línea de sangre. Investiga a tus antepasados humanos para comprender mejor el papel que debes desempeñar en la mejora de esta línea de sangre en particular. Estás aquí para mejorarla y para aumentar la conciencia espiritual en toda la raza humana.

Tu energía magnética inspira y eleva a los demás de forma natural. Estás aquí para guiar a la gente hacia una verdad más elevada y ayudarla a reconectar con su verdadero yo. Tu dedicación al trabajo espiritual y al desarrollo de tus relaciones personales es una prioridad para ti. Estás aquí en la Tierra para crear armonía uniendo a las personas y creando soluciones únicas a los problemas.

Eres descendiente directo de la raza Siriana, que llegó a Terra hace aproximadamente 250.000 años, junto con los Lyranos. Aunque ha habido muchos conflictos en este sector de la galaxia y en tu propia vida personal, estás aquí para ayudar a los demás a resolver desequilibrios emocionales y físicos. Tu destino es ayudar en el proceso de curación a medida que la gente despierta a su verdadera herencia espiritual. Tu habilidad para leer con precisión a las personas y las situaciones es lo que te da tu magia. Aunque poseas muchos otros dones espirituales, éste es el que más destaca.

Tú eres la Semilla Estelar Siriana. Eres quien lucha contra sus propias limitaciones personales. Llevas en ti los dones de tus antepasados. En lo más profundo de ti duerme un poder místico que está despertando en esta época de agitación y caos, un poder que está esperando el momento adecuado para ser utilizado para ayudar a la humanidad. Tu camino ha sido difícil, pero te ha llevado hasta dónde estás hoy. Tu misión es hacer que todo sea posible. Este es tu don y tu destino.

Capítulo 7: Semillas Estelares Lyranas

Lyra es una constelación de seis estrellas situada en el hemisferio norte. Es la más pequeña de las 88 constelaciones, pero está repleta de interesantes rasgos y curiosos objetos. Lyra está dominada por la estrella azulada Vega, una de las más brillantes del cielo nocturno, con una magnitud de 0,03. Vega también es conocida por su rápida rotación, que la hace abultarse en el ecuador y aplanarse en los polos. Esta característica única la ha convertido en un objeto de estudio muy popular entre los astrónomos.

Además de Vega, Lyra también contiene varios objetos notables del cielo profundo, como la Nebulosa del Anillo, una nebulosa planetaria formada cuando una estrella similar a nuestro Sol se quedó sin combustible y se desprendió de sus capas exteriores. Otro objeto interesante en Lyra es el sistema estelar binario Beta Lyrae, que contiene dos estrellas tan cercanas que a simple vista parecen una sola. Las dos estrellas están tan cerca que giran alrededor de un centro de masa común, lo que hace que ambas orbiten en el mismo plano y que la pareja cree una bella imagen doble con prismáticos. La Doble Doble es otra estrella doble de Lyra visible con prismáticos. Se encuentra en el borde de la constelación, y las dos estrellas tardan unos 23 años en girar alrededor de su centro de masa común. Además, las dos estrellas están separadas sólo por una magnitud, por lo que es difícil verlas juntas a simple vista.

Las Semillas Estelares Lyranas son conocidas por su gran sabiduría y sus capacidades psíquicas "

Lyra ha sido reconocida por muchas culturas a lo largo de la historia, entre ellas la griega, que la asociaba con la figura mitológica de Orfeo. En la astronomía china, Lyra forma parte de una constelación mayor conocida como el Pájaro Celeste, y la imagen de una lira, un instrumento con forma de arpa fue utilizada en los primeros mapas estelares chinos. Aunque Lyra sea pequeña, no carece de intriga ni de significado. Sus características únicas y su rica historia la convierten en un importante campo de estudio tanto para astrónomos como para espiritistas.

Semillas Estelares Lyranas

Las Semillas Estelares Lyranas, seres altamente inteligentes y evolucionados de Vega, el planeta más brillante de la constelación de Lyra, son conocidos como los guardianes originales del conocimiento y la sabiduría ancestrales. Poseen un profundo conocimiento del universo y sus misterios y se dice que desempeñaron un papel clave en el desarrollo de la civilización humana en la Tierra. Se cree que los Lyranos son uno de los grupos de Semillas Estelares más antiguos, cuyos orígenes se remontan a miles de millones de años. En la galaxia, la antigua civilización lyrana se compara con los "romanos" o "egipcios" prehistóricos de la Tierra, y es poco probable que aún existan lyranos de primera generación.

Los lyranos son conocidos en toda la galaxia por su presencia en nuestro sistema solar, y se dice que llegaron por primera vez a la Tierra hace aproximadamente 4.300 millones de años. Interactuaron con algunas de nuestras primeras civilizaciones para influir en su desarrollo aquí en la Tierra y aparecieron como "dioses" para esas primeras civilizaciones, ayudando a enseñarles las ciencias naturales y las artes místicas, incluyendo la astronomía, la astrología, la alquimia, etc.

Los lyranos son descritos como seres espiritualmente avanzados, pero intelectualmente fundamentados, que sirven de sistema de apoyo a otras Semillas Estelares. Se centran en la expansión de la conciencia y el conocimiento, en particular el conocimiento espiritual y la sabiduría que está más allá del alcance de la conciencia humana normal.

Los Lyranos trabajan con otras Semillas Estelares y las ayudan a desarrollar su conciencia, impartiendo su sabiduría y guía donde más se necesitan. Se dice que los Lyranos han interactuado especialmente con los Lemurianos, considerados los primeros ancestros de la humanidad en la Tierra. Estos antiguos seres también están estrechamente vinculados a las Semillas Estelares Veganas, que algunos creen que son sus descendientes.

A diferencia de otras Semillas Estelares, que a menudo se asocian con una estrella en particular en una constelación, los Lyranos tienen sus orígenes entre los planetas y las estrellas de la constelación de Lyra. Esto significa que la mayoría de las Semillas Estelares Lyranas no tienen un planeta natal al que llamar hogar. En su lugar, forman comunidades o grupos nómadas para vivir en diferentes planetas mientras viajan de ida y vuelta entre ellos y Vega.

Se dice que las Semillas Estelares Lyranas poseen altos niveles de habilidades psíquicas y creativas, que se cree que se amplifican mientras viajan y viven entre otros grupos de Semillas Estelares. También se cree que tienen ciertos poderes que les permiten sanar sus cuerpos emocionales y físicos. Con esta capacidad, pueden trabajar con los chakras de una persona, alineándolos de nuevo mediante la apertura de los centros energéticos bloqueados y facilitando el flujo de energía a través de ellos.

Características de una Semilla Estelar Lyrana

Las Semillas Estelares Lyranas poseen varias cualidades que las distinguen de otras Semillas Estelares. Los siguientes son algunos de los rasgos que estas Semillas Estelares pueden experimentar o mostrar a lo largo de sus vidas:

- **Te sientes como un alma vieja:** Las Semillas Estelares Lyranas suelen tener un profundo sentido de la sabiduría y la comprensión más allá de sus años. Puede que sientas que llevas mucho tiempo en la Tierra, aunque seas relativamente joven. Esto se debe a que los Lyranos tienen una fuerte conexión con sus vidas pasadas y su linaje ancestral, lo que les da una sensación de arraigo y estabilidad en esta vida.

- **Amas la aventura:** Tienes un gran sentido de la aventura que puede llevarte a lugares interesantes. Te encanta la emoción del descubrimiento y disfrutas yendo a lugares nuevos y exóticos.

- **Eres un entusiasta de los viajes:** Te encanta viajar por otros reinos tanto como explorar el mundo físico, por lo que te atraen las proyecciones astrales, los sueños lúcidos y las experiencias extracorpóreas. Estas actividades te permiten ampliar tu perspectiva y ver las cosas desde diferentes puntos de vista. Al observar estas realidades alternativas a través de lentes diferentes, puedes aprender mucho sobre ti mismo y sobre nuestro mundo.

- **Te atraen la historia y los acontecimientos históricos:** También te fascina el conocimiento adquirido por las antiguas civilizaciones a lo largo del tiempo. Quieres explorar los misterios y secretos del pasado para aprender a comprender mejor el presente y el futuro.

- **Tiendes a seguir la corriente de la vida:** Las Semillas Estelares Lyranas tienen un profundo sentido de la confianza en el universo y en su plan para ellos. No se resisten al cambio ni intentan controlar los resultados, sino que dejan que la vida se desarrolle de forma natural. Esto no significa que sean pasivos o que carezcan de ambición, sino que están abiertos a las nuevas experiencias y oportunidades que se les presentan.
- **Manifiestas fácilmente tu realidad:** Las Semillas Estelares Lyranas poseen una poderosa habilidad para manifestar sus deseos sin esfuerzo. Entienden que sus pensamientos y emociones impactan directamente su realidad y usan este conocimiento para crear la vida que quieren. No luchan o pelean para hacer que las cosas sucedan, sino que confían en que el universo les traerá lo que necesitan en el momento adecuado.
- **No eres el más paciente:** Aunque las Semillas Estelares Lyranas tienen un fuerte sentido de la confianza en el universo, a veces pueden tener problemas con la paciencia. Tienen un profundo deseo que sus sueños fructifiquen rápidamente y pueden frustrarse cuando las cosas no suceden tan rápido como les gustaría. Sin embargo, entienden que todo sucede en el momento divino y que su impaciencia puede bloquear el flujo de la abundancia. Por ello, trabajan para cultivar la paciencia y entregarse al flujo natural de la vida.
- **Valoras la autenticidad:** Las Semillas Estelares Lyranas valoran mucho la autenticidad y la genuinidad. Creen que ser fiel a uno mismo es esencial para el crecimiento personal y la evolución espiritual. No les interesa ponerse una fachada o fingir ser alguien que no son, ya que saben que esto sólo obstaculiza su progreso. Por el contrario, se esfuerzan por ser honestos y transparentes en todas sus interacciones consigo mismos y con los demás. Este compromiso con la autenticidad les permite establecer conexiones profundas y significativas con quienes les rodean y con el propio universo.
- **Te fascinan las artes mágicas:** Sientes una curiosidad infinita por los intrincados rituales, los símbolos ancestrales y las energías místicas que nos rodean. Pasas incontables horas estudiando y practicando diversas formas de adivinación, desde

la lectura del tarot hasta la adivinación con cristales. Tu intuición está muy afinada y confías en tu guía interior para que te conduzca por el camino espiritual. Buscas personas afines que compartan tu pasión por lo oculto y, juntos, exploráis los misterios del universo. Gracias a tu dedicación a las artes mágicas, has adquirido un conocimiento más profundo de ti mismo y del mundo que te rodea. Sabes que la vida es mucho más de lo que parece y buscas constantemente nuevas formas de conectar con lo divino. Tu viaje es un viaje de autodescubrimiento e iluminación, y lo abrazas con los brazos abiertos.

Mitos y tradiciones

La historia de la constelación de Lyra comienza con la figura mitológica griega de Orfeo. Orfeo era hijo de Apolo, dios de la música y la profecía, y de Calíope, una de las Musas. Era un hábil músico y poeta que interpretaba canciones capaces de conmover hasta a las rocas. Tenía una esposa llamada Eurídice, quien murió a causa de la mordedura de una serpiente y, en un acto de dolor, se aventuró en el inframundo para devolverla a la vida. Con la esperanza de que la música calmara el corazón de Hades, Orfeo tocó canciones tan tristes que Hades lloró por él. Conmovido por la música de Orfeo, Hades permitió que Eurídice volviera a la tierra de los vivos con una condición: Orfeo no podía volver a mirarla hasta que hubieran salido del inframundo.

Sin embargo, cuando por fin llegó a la superficie y abrió los ojos, se dio cuenta de que ella no estaba detrás de él. En su prisa por alcanzarla, desobedeció la regla de Hades y miró hacia atrás antes de que ella estuviera a salvo. Como resultado, Eurídice desapareció para siempre en el inframundo.

Orfeo quedó destrozado y pasó el resto de su vida llorando su pérdida. Vagó por la tierra, tocando lúgubres melodías en su lira, con la esperanza de encontrar consuelo en su música. Sus canciones eran tan tristes que hasta los animales y los árboles lloraban cuando lo oían tocar. Con el tiempo, su dolor se hizo insoportable y decidió unirse a Eurídice en el inframundo. Descendió de nuevo al reino de Hades, pero esta vez no se le permitió salir. Su trágica historia conmovió a los dioses, que colocaron su lira en el cielo como una constelación para que su música pudiera seguir escuchándose eternamente. Y así, el legado de Orfeo perduró a través de su música, un testimonio del poder del amor y del dolor de la pérdida.

Un Mensaje para las Semillas Estelares Sirias

Querida Semilla Estelar de Lyra, No estás sola en este universo. Tu alma procede de la constelación de Lyra, un lugar de gran poder espiritual y sabiduría. Has sido enviada a la Tierra para compartir tus dones únicos y ayudar a elevar la conciencia colectiva de la humanidad. Tu misión no es fácil, pero está llena de propósito y significado.

Como Orfeo, tienes una conexión especial con la música y las artes. Tu talento creativo es una poderosa herramienta de sanación y transformación. Utilízalos sabiamente y con intención, porque pueden llegar al corazón de las personas de un modo que las palabras no pueden. Pero recuerda que tu viaje por la Tierra no está exento de desafíos. El dolor de la pérdida puede ser algo con lo que estés familiarizado, pero también puede enseñarte grandes lecciones sobre la naturaleza del amor y la experiencia humana.

Mientras navegas por esta vida, debes saber que tus guías espirituales y tu yo superior están siempre contigo, ofreciéndote guía y apoyo a lo largo del camino. Han velado por ti desde el principio de los tiempos y seguirán brindándote fuerza y orientación en el viaje de tu vida.

No tengas miedo de pedir ayuda cuando la necesites, porque muchas personas pueden ayudarte en tu camino. Y que sepas que el viaje no termina hasta que se completa. Sigue a tu espíritu y sigue avanzando, porque así es como encontrarás de nuevo el camino a casa, a las estrellas de donde viniste.

Capítulo 8: Semillas Estelares de Orión

Orión es una magnífica constelación para los observadores de estrellas y las personas que simplemente quieren deleitarse con la gloria de las maravillas de la naturaleza. El cuerpo físico de esta constelación es visible desde cualquier punto de la Tierra (excepto la Antártida), por lo que es fácil de encontrar con unos sencillos cálculos y mirando a través de un telescopio o unos prismáticos. Tres estrellas de esta constelación forman un cinturón brillante y fácilmente reconocible. Alnitak es la más alta de las tres, pero no la más brillante. Alnilam está ligeramente más abajo y es una estrella supergigante, la más brillante del cinturón. Tiene unas 374.000 veces la luminosidad del Sol y se encuentra a 1.300 años luz de la Tierra. Mintaka está en un nivel inferior a Alnilam y es en realidad un sistema estelar binario, lo que significa que hay una estrella más pequeña que la órbita. Este patrón celeste fue observado por primera vez por los antiguos griegos y se decía que representaba el cinturón de un cazador.

Las Semillas Estelares de Orión han guiado a la humanidad a través de las etapas evolutivas y siguen haciéndolo °

Por otra parte, las tres estrellas del cinturón de Orión no son las únicas brillantes de la constelación. En realidad, hay un total de siete estrellas brillantes en Orión: Alnitak, Alnilam, Mintaka, Betelgeuse (que es el hombro derecho de Orión), Bellatrix (su hombro izquierdo), Saiph (su rodilla derecha) y Rigel (su pie). La más brillante de estas estrellas es Rigel, una supergigante blanca azulada y la octava estrella más brillante del cielo nocturno.

Varios objetos de cielo profundo de Orión también pueden resultar interesantes para los observadores de estrellas y los astrónomos aficionados. La Gran Nebulosa de Orión es una de las nebulosas difusas más brillantes del cielo. Es tan brillante que puede verse a simple vista desde un lugar oscuro sin prismáticos ni telescopio. Se cree que es una nube interestelar de gas y polvo, un maravilloso hogar para muchas estrellas nuevas que nacen y muchas estrellas viejas que mueren.

Semillas Estelares de Orión

Las Semillas Estelares de Orión son una raza de exploradores benévolos que han guiado la evolución de la Tierra durante milenios. Representan una sociedad avanzada que domina los viajes espaciales y otras tecnologías galácticas. Al elegir convertirse en los cuidadores de nuestro planeta, han estado con nosotros durante nuestras etapas evolutivas más importantes. La última glaciación es un buen ejemplo. Estuvieron presentes entre bastidores, ayudando a facilitar la supervivencia de nuestra especie, proveyéndonos de tecnología y esperando los momentos más ventajosos para influir en determinados acontecimientos.

Se ha especulado que seres de Orión crearon la Atlántida y Lemuria, durante las cuales nos enseñaron a utilizar cristales y a curarnos. También participaron en el traslado de la humanidad de Lemuria a Atlantis y en el comienzo de esta civilización. Luego nos ayudaron con el traslado de la Atlántida a Egipto, donde nos enseñaron jeroglíficos, matemáticas y agricultura avanzada.

Durante muchos miles de años, los Oriones nos han guiado a través de épocas de grandes cambios. Están entre las pocas razas estelares con afinidad con la Tierra, lo que resuena con sus experiencias personales aquí. Se dice que han pasado miles de años en diversas encarnaciones en la Tierra, desde gigantes a humanos, y su influencia sigue presente en muchos lugares de la Tierra hoy en día a través de sus artefactos enterrados en el suelo o cámaras secretas ocultas en las profundidades de los océanos y las montañas antiguas.

Las Semillas Estelares de Orión son conocidas por su compasión, generosidad y amor a los seres humanos. Son muy conscientes del valor de la vida y trabajan duro para mantener sanos los sistemas que dan vida. También tienen una necesidad inherente de estudiar a la humanidad como especie para comprender mejor nuestra naturaleza y lo que necesitamos.

Creen en el aprendizaje continuo y siempre buscan oportunidades de crecimiento y desarrollo personal. Les gusta mucho el concepto de evolución y a menudo observan otros planetas con telescopios u otras formas de teledetección. Algunos pueden viajar astralmente por las estrellas y el espacio, lo que les permite desplazarse fácilmente de un planeta a otro, de un sistema estelar a otro o de una galaxia a otra.

Características de una Semilla Estelar de Orión

- **Puedes ser descrito exactamente como curioso:** A las semillas estelares de Orión les preocupa mucho la educación y siempre intentarán aprender todo lo posible. Son muy inquisitivos sobre la naturaleza del universo y buscan comprender cómo funciona todo. Siempre quieren saber cómo evolucionan las cosas de un estado a otro y por qué toman un camino determinado.

- **Eres extremadamente creativo:** Las Semillas Estelares de Orión son extremadamente capaces de aportar ideas que pueden ayudar a resolver problemas. Son muy buenos solucionadores de problemas y destacan a la hora de unir cosas de una forma que nunca había existido. Tienen una mente innovadora que combina maravillosamente la información y las habilidades existentes para crear algo único y no probado.

- **Eres vigilante, atento y perspicaz:** Las Semillas Estelares de Orión están siempre atentas a su entorno y no permitirán que ocurra nada sin su conocimiento o aprobación. Serán los primeros en darse cuenta de cualquier cosa que se salga de lo normal y siempre están a punto de descubrir, listos para dar sentido a las cosas nuevas que encuentran. Intentan anticiparse a lo que va a ocurrir y tienen un plan para actuar en consecuencia.

- **Te tomas tus deberes muy en serio:** Esta es una de las características más importantes de las Semillas Estelares de Orión. Saben lo que está bien y lo que está mal y no se dejarán atrapar por cosas que causen daño a otros o a sí mismos. Son muy conscientes de su destino y harán todo lo posible para asegurar su propio bienestar y el de otras entidades dentro de su esfera de influencia.

- **Eres compasivo:** Las Semillas Estelares de Orión dan mucha importancia a la vida humana y siempre intentarán ayudar a los necesitados. Se desviven por salvar a alguien de un edificio en llamas o por detener un ataque violento. Creen en apoyar a los menos afortunados siempre que sea posible y disfrutan ayudando a los demás cuando pueden sin necesidad de recibir nada a cambio.

- **Sientes curiosidad por la espiritualidad:** Las Semillas Estelares de Orión siempre perseguirán la iluminación espiritual y las respuestas a los misterios de la vida. Quieren comprender su propia existencia y cómo encajan en el panorama general. Nunca estarán satisfechos a menos que sepan cómo encaja todo y por qué suceden ciertas cosas.

- **Te encantan los retos:** A las Semillas Estelares de Orión les encantan los retos. Cuando se les presenta una situación que parece desalentadora para los demás, se lanzan a por ella. Esto les permite perfeccionar sus habilidades y aplicar su inteligencia de la forma que más les interesa. No les gusta la sensación de derrota y aplicarán la presión que sea necesaria para garantizar el resultado deseado. Son atletas, exploradores y pioneros natos porque les encanta la emoción de conquistar una tarea u objetivo difícil. Una vez que han alcanzado cierto hito, no son de los que se limitan a regodearse en ese logro; quieren más.

- **Eres un líder natural:** Las Semillas Estelares de Orión pueden liderar grupos de personas y tienen una forma natural de inspirar a aquellos con los que trabajan. Son muy buenos dando instrucciones y encontrando formas de hacerlas eficientes y creativas al mismo tiempo. Los encontrarás en primera línea, donde todo el mundo pueda verlos, y darán órdenes que el resto de la multitud seguirá sin rechistar. Les gusta estar al mando y siempre que pueden asumen un papel de liderazgo.

- **Eres obstinado:** Las Semillas Estelares de Orión tienen un fuerte sentido de sí mismas y siempre siguen su propia intuición. No son de los que se avergüenzan de alzar la voz para defender algo importante o lo que creen que es correcto. Están muy decididos a conseguir que los demás vean el mundo como ellos, y esto puede suponerles un gran reto cuando se enfrentan a personas que se oponen a su sistema de creencias.

Mitos y tradiciones

El relato más antiguo de esta historia describe a Orión como el hijo del dios Poseidón y Euríale, princesa del rey Minos de Creta. Un día, partió decidido a llegar a la isla de Quíos, y lo consiguió gracias a su padre, quien le dio la capacidad de caminar sobre el agua. Borracho como una cuba, intentó seducir a Mérope, la hija del rey local; como castigo, fue cegado y expulsado de la isla por el rey Oenopión. Orión, ciego, se dirigió rápidamente a Lemnos, donde se encontraba la fragua del dios Hefesto y, con la ayuda del dios del fuego, llegó a Oriente, donde el dios del sol Helios curó su ceguera.

Una vez recuperada la vista, Orión continuó su viaje y regresó a Creta, donde conoció a la princesa Artemisa. Ambos se enamoraron rápidamente y se hicieron inseparables. Juntos cazaron y vagaron por el campo, y las habilidades de Orión como cazador impresionaron incluso a la propia diosa de la caza. Sin embargo, su felicidad duró poco, ya que Apolo, el hermano gemelo de Artemisa, se puso celoso de su relación y engañó a Artemisa para que matara a Orión. Devastada por sus acciones, Artemisa le suplicó a Zeus que colocara a Orión entre las estrellas como una constelación. Allí, podría ser recordado para siempre como el mejor cazador que jamás haya existido.

Un Mensaje para las Semillas Estelares de Orión

Querida Semilla Estelar de Orión, Es hora de que abras los ojos y veas el mundo como realmente es. La vida ha sido una serie de pruebas, pero ahora estás listo para entrar en un mundo completamente nuevo que ni siquiera ha comenzado a ser explorado todavía por el resto de la humanidad. Has sido elegido para afrontar esta enorme tarea como líder en nombre de tu comunidad. Has sido seleccionado porque tienes coraje y fuerza espiritual. Es tu momento de brillar porque todo el mundo está esperando que des un paso al frente y los conduzcas a este nuevo y valiente mundo que has imaginado.

El tiempo de gobernarnos unos a otros ha llegado a su fin. Es hora de crear una sociedad en la que se valore la espiritualidad y en la que los líderes de todos los niveles jerárquicos estén en sus puestos por su carácter y no por su riqueza o su buena apariencia. Es hora de que todo el mundo conozca la verdad sobre cómo llegamos aquí y cuál es realmente nuestro propósito como especie. Ayudarás a la humanidad a darse cuenta de todas estas cosas, pero tendrás que ser paciente y dejar que las cosas avancen al ritmo que necesitan. Ha tardado mucho en llegar, y las cosas sucederán tan pronto como estén listas. Así que mantén la cabeza alta y confía en que el universo está de tu lado.

Capítulo 9: Semillas Estelares Arcturianas

Arcturus es una estrella gigante roja situada en la constelación de Boötes. Es una de las estrellas más brillantes del cielo nocturno y es fácilmente visible a simple vista. Se encuentra a unos 37 años luz de la Tierra y es la estrella más brillante de su constelación. La temperatura superficial de la estrella es de unos 4.300 Kelvin, lo que le confiere su característico color rojo anaranjado, y tiene un diámetro aproximadamente 25 veces mayor que el de nuestro Sol.

A pesar de ser una estrella vieja, Arcturus sigue brillando intensamente debido a su tamaño y a su gran luminosidad. Se calcula que tiene unos 7.000 millones de años, lo que significa que ya ha agotado la mayor parte de su combustible de hidrógeno y acabará evolucionando hasta convertirse en una estrella enana blanca. A pesar de ser conocida como la estrella más brillante de su constelación, otro dato interesante sobre esta gigantesca estrella roja es que se cree que es el hogar de la raza arcturiana, que incluye a muchos extraterrestres humanoides.

La estrella natal de las Semillas Estelares Arcturianas[10]

Semillas Estelares Arcturianas

Las Semillas Estelares Arcturianas han llegado a la Tierra desde el sistema estelar Arcturus. En la mayoría de los casos, no se dan cuenta de que proceden de Arcturus hasta mucho más adelante en su vida. Suelen estar muy interesados en el espacio, la ciencia, la filosofía, la metafísica y los campos esotéricos. También les interesa explorar lo desconocido, que podría ser la razón por la que llegaron aquí hace más de 120.000 años.

Las Semillas Estelares Arcturianas a menudo sienten que no pertenecen a la Tierra y que sólo están aquí por una razón. Una Semilla Estelar Arcturiana puede experimentar episodios de depresión o fatiga debido al contraste extremo entre cómo se sienten por dentro y cómo aparentan ser por fuera. Algunos pueden sentirse atrapados en sus cuerpos físicos y en la tercera dimensión, pero cuando despierten a su auténtica naturaleza, podrán ver que éste era un vehículo para que su conciencia explorara y se desarrollara en él.

Según Edgar Cayce, se cree que la existencia de los arcturianos tiene lugar en una dimensión de claridad más allá de la comprensión humana. Los humanos encontrarían la pureza y claridad de su planeta muy energizante, y al primer contacto con ellos, uno sentiría una purificación personal. Con los arcturianos, ya no habría necesidad del equipaje extra que tenemos en este mundo de tercera dimensión, y este mundo sería capaz de sanar de su actual estado de deterioro.

Los arcturianos no se preocupan por cosas como la supervivencia física, la seguridad, la jubilación, las pensiones o incluso las formas sencillas de trabajo. Estos temas están fuera de su ámbito. En cambio, dedican su tiempo y energía a la vida espiritual, pero no confunden esto con una vida sin placer. También tienen relaciones y disfrutan de la música. Además, trabajan, pero no al nivel de miseria que exigen nuestra cultura y nuestra sociedad. Su trabajo se adapta mejor a sus preferencias personales y a sus viajes espirituales.

Los arcturianos también son personas extremadamente pacíficas. No han luchado en batallas desde hace mucho tiempo. Sí, son capaces de aparecer en la tercera dimensión, y sí, pueden defenderse si es necesario, pero normalmente no participan en nada que se parezca remotamente a un conflicto. Se dice que pueden desmaterializarse instantáneamente si hay algún problema. Cualquier proyectil que se cruce en su camino simplemente los atravesará sin hacerles daño. Esta es una habilidad que algunas otras civilizaciones extraterrestres han dominado.

Los arcturianos también experimentan la muerte de su forma en Arcturus, pero lo hacen de un modo muy diferente porque sólo la consideran una fase temporal de su existencia, no el final. Cuando encarnan en la Tierra, prefieren pasar el tiempo disfrutando del mundo físico y utilizándolo como una forma de experimentar más diversidad y claridad de conciencia. Verían la idea de envejecer con sentido del humor. Podemos aprender algo de esto y abrazar el presente porque es una oportunidad para utilizar el aquí y el ahora como escenario para experimentar quiénes somos.

Otra cosa para destacar es que los Arcturianos no han estado directamente involucrados en los cambios genéticos o evolutivos que se han producido en el ADN humano. Dejaron que los Sirios y los Pleyadianos se ocuparan de esos asuntos. Los Arcturianos sirvieron principalmente como supervisores o maestros, y ahora están aquí para ayudarnos a completar nuestro ciclo para que podamos entrar en la puerta estelar y ascender a la quinta dimensión.

Características de una Semilla Estelar Arcturiana

- **Eres muy organizado:** Te gusta ser preciso con el tiempo y los acontecimientos de la vida. Eres meticuloso con tu horario de trabajo y tus citas.

- **Te interesan sobre todo la ciencia y la tecnología:** Te gusta explorar los misterios de la vida a través de la tecnología, los experimentos científicos, los viajes espaciales, los ordenadores, la medicina y las técnicas curativas alternativas. Tiendes a pensar demasiado y quieres entenderlo todo en profundidad.

- **Eres muy misterioso:** Conocerte es difícil porque mantienes tu vida personal en privado. Eres un amigo y familiar sólido, pero eres cauteloso a la hora de revelar información sobre ti mismo. Es raro que te acerques a alguien o que te abras demasiado rápido.

- **Te gusta tu espacio:** Aunque te gusta socializar con amigos íntimos y familiares, a menudo necesitas tiempo a solas para recargar las pilas. Te gusta sentarte solo y observar las estrellas. No es raro que tengas la molesta sensación de que no perteneces a la Tierra. Pueden ser las multitudes, las ciudades o los ambientes intensos.

- **Tienes facilidad para hablar en público:** Sabes dar discursos y expresar tus ideas. Sabes cómo hacer que la gente te escuche cuando te apasiona un tema.

- **Valoras la lógica:** Al abordar problemas y tomar decisiones, tiendes a utilizar más la mente que el corazón. Puedes analizar las situaciones objetivamente y encontrar soluciones prácticas. Esto te será útil en los negocios, pero no tanto en las relaciones.

- **Te encanta crear:** A pesar de tu naturaleza lógica, también tienes un lado creativo. Te gusta escribir, dibujar o tocar música en tu tiempo libre. Es una de las pocas formas que tienes de expresarte.

- **Eres muy intuitivo:** Sientes que hay una verdad mayor en el universo que no se puede desentrañar sólo con la razón. Tu intuición es una gran guía para ti, pero también puede hacer que a veces te sientas solo o aislado de otras personas porque no es algo que todo el mundo entienda o comprenda.

- **Tienes un ojo increíble para los detalles:** Puedes aburrirte o frustrarte fácilmente si las cosas no tienen un cierto grado de precisión. Te apasiona la exactitud y asegurarte de que todo está en su sitio, como debe ser. Es una de las razones por las que no te gusta estar cerca de aquellos que no son tan organizados y precisos.

Mitos y tradiciones

Al menos dos mitos griegos tienen como protagonista a Arcturus. El primero conecta las constelaciones de Arcas y Calisto, Boötes y Osa Mayor. En este relato, Hera, la esposa de Zeus, convirtió a Calisto en un oso tras enterarse del adulterio de su marido. Calisto vagó por el bosque durante un tiempo hasta que se encontró con su hijo adulto, Arcas. Arcas sacó su lanza por miedo al gran oso que tenía delante. Sin embargo, Zeus intervino de inmediato para evitar una catástrofe. Calisto y Arcas fueron llevados a los cielos por un torbellino; Arcas se convirtió en Boötes, y Calisto en Osa Mayor.

Arcturus también está relacionada con la leyenda de Icario en otro mito. Icario, un ateniense, recibió vino como muestra de agradecimiento del dios Dioniso. Se lo dio a unos pastores con los que se encontró y éstos se emborracharon. Pensando que Ícaro los había envenenado, lo mataron y abandonaron su cuerpo entre los arbustos. Erigone, la hija de Icario, y Maera, su perra, no tardaron en encontrarse con el cadáver, y quedaron tan angustiadas que se suicidaron.

Dioniso decidió castigar a la ciudad de Atenas con una plaga porque estaba muy furioso. La plaga terminó cuando los atenienses instituyeron rituales para recordar a Icario y Erígone. Icario, Erígone y Maera fueron transformados por Dioniso en las constelaciones de Boötes, Virgo y la estrella Proción (Maera).

Un mensaje para las Semillas Estelares Arcturianas

Querida Semilla Estelar Arcturiana, Debes saber que tu perspectiva única del mundo es realmente un don. Tu capacidad para ver las cosas con precisión y claridad es un talento poco común que debería celebrarse. Sin embargo, también comprendo que a veces esto puede hacer que te sientas aislado o incomprendido por otros que no comparten tu nivel de conciencia. Debes recordar que, aunque tu percepción pueda diferir, no por ello es menos válida o valiosa. Acepta tu individualidad y sigue utilizando tu agudo ojo para los detalles para introducir cambios positivos en el mundo que te rodea. Pero no olvides mantenerte abierto a nuevas ideas y experiencias. Debes estar dispuesto a entender por qué la gente hace las cosas que hace si esperas entablar relaciones positivas con ellos. Si quieres adaptarte a las distintas circunstancias, debes aprender a ser flexible.

Estás aquí para hacer grandes cosas y nada se interpondrá en tu camino. Paradójicamente, aquello para lo que estás más dotado es también lo que más te hará tropezar. Ten cuidado de que tu ojo crítico no se centre tanto en las cosas que hay que mejorar que te haga perder de vista la belleza de lo que ya existe.

No dejes que las reacciones de los demás te impidan hacer lo que hace feliz a tu corazón o permitirte la libertad de experimentar. Tu conciencia es un don que hay que tratar con respeto y dignidad. También debes aprender a equilibrar tu necesidad de espacio personal con tu deseo de relaciones cercanas. Ya cuentas con una sólida red de apoyo y lo único que tienes que hacer es confiar en ti mismo lo suficiente como para permitir que entren en tu vida. El cambio a veces asusta, pero por eso es tan estimulante.

Capítulo 10: Semillas Estelares de Vega

Vega es una estrella de la constelación de Lyra conocida por su brillo y belleza. Es la quinta estrella más brillante del cielo y puede verse desde casi cualquier punto de la Tierra. También es una estrella relativamente joven, con una edad estimada de 455 millones de años. Su masa es aproximadamente 2,1 veces la del Sol y su radio 2,7 veces mayor. La temperatura de Vega es también mucho más elevada que la del Sol, con una temperatura superficial de unos 9.600 Kelvin.

Uno de los aspectos más interesantes de Vega es su rápida rotación, que provoca su abombamiento en el ecuador y su aplanamiento en los polos. Este fenómeno se conoce como oblación y es el resultado de la fuerza centrífuga generada por el rápido giro de Vega. Además, Vega está clasificada como estrella azul-blanca, lo que significa que emite la mayor parte de su luz en las partes azul y ultravioleta del espectro, lo que la convierte en una de las estrellas más brillantes del cielo y en un objetivo importante para los astrónomos que estudian la evolución estelar.

En los últimos años, se ha descubierto que Vega tiene un disco de escombros -un anillo de polvo y escombros que orbita a su alrededor- que podría indicar colisiones entre asteroides o cometas o la presencia de exoplanetas. El estudio del disco de escombros de Vega ha proporcionado valiosos datos sobre la formación y evolución de los sistemas planetarios, ya que se cree que tales discos son el lugar de nacimiento de los planetas. De hecho, la presencia de un disco de escombros alrededor de Vega sugiere que puede haber planetas orbitando la estrella, aunque todavía no se ha detectado ninguno, al menos científicamente. Los científicos siguen estudiando a Vega y su entorno para comprender mejor los procesos que dan forma a nuestro universo. Conforme avance la tecnología y se hagan nuevos descubrimientos, podemos esperar aprender más sobre esta fascinante estrella y sus misterios.

La estrella Vega, de donde proceden las Semillas Estelares de Vega [11]

Semillas Estelares de Vega

El sistema estelar más brillante de la constelación de Lyra, Vega, es el origen de la especie alienígena conocida como Semillas Estelares de Vega. También se los conoce como veganos, y no, esto no tiene nada que ver con la dieta. Los veganos vinieron de Lyra para poder colonizar y gobernar Sirio, la estrella perro. Se dice que descienden de la especie humanoide más antigua conocida y son, sin duda, los más avanzados de esta galaxia. Por supuesto, también pueden reencarnarse en la Tierra, donde suelen adoptar una forma humanoide con una preciosa piel oscura y pelo de cuervo. Algunos también presentan sutiles matices cobrizos, que realzan su belleza etérea. Sin embargo, en su planeta natal, se dice que su piel tiene un color azulado.

La Semillas Estelares de Vega poseen muchas características de un ser iluminado, pero ninguna es más importante que la de amar incondicionalmente. Esto significa que su amor se extiende a todos los seres sensibles, incluso a aquellos que no cumplen sus normas de comportamiento. Cuando se trata de relaciones, son a la vez empáticos y extremadamente seductores. Tienen un corazón enorme y siempre están dispuestos a escuchar las necesidades de los demás, pero nunca permitirán que se aprovechen de ellos. Aunque son extremadamente generosos con su amor y su apoyo, no tienen por costumbre dejarse utilizar. Si alguien intenta manipularlos para que den más de lo razonable, le mostrarán la salida, sin excepciones.

La cantidad de amor de los veganos no tiene límite [13]

Muchos veganos son amables, pero no siempre es así. También son conocidos por ser totalmente despiadados e implacables si alguien los traiciona o se cruza en su camino. No les importa hacer lo que sea necesario para vengarse, y no se lo pensarán dos veces si está justificado. Este pueblo es mucho más avanzado de lo que los humanos podrían imaginar y, gracias a su excepcional talento y creatividad, han sido capaces de asentarse o colonizar varios planetas de nuestra galaxia. En cualquier caso, son una especie amistosa porque tienen empatía y son almas viejas extremadamente conscientes de la interconexión del universo.

Características de una Semilla Estelar de Vega

- **Inconsistentes pero creativos:** Son extremadamente creativos e inteligentes, pero también muy imprevisibles. Suelen alternar entre tener creencias poco convencionales un día y actuar de forma mucho más convencional al siguiente.

- **Les gusta vivir en lugares exóticos:** Muchas Semillas Estelares Vega se desviven por visitar distintos países en busca de ese lugar en el que se sientan como en casa. Son casi adictos a los desplazamientos y disfrutan viajando a lugares remotos con paisajes impresionantes.

- **Pueden llegar a ser muy ofensivos:** Si trabajas con una Semilla Estelar Vega, no olvides que tienen sus propias ideas sobre lo que es aceptable y lo que no. Puedes pensar que puedes darles órdenes, pero tus posibilidades de éxito son escasas. Su confianza en sí mismos no les permitirá dejarse presionar para hacer algo sólo porque otra persona piense que debe hacerse de una determinada manera.

- **Siempre buscan aprender más:** Las Semillas Estelares Vega siempre están buscando más información sobre sí mismas y sobre el mundo que las rodea. Mantienen la mente abierta y les gusta discutir y debatir las ideas que se les ocurren.

- **El centro de atención:** Suelen ser excelentes conversadores, lo que significa que son capaces de convencer a cualquiera. Este es un don natural para ellos, pero también resulta útil cuando intentan decirte por qué deberías hacer lo que ellos quieren que hagas.

- **No temen mirar al futuro:** Aunque muchos humanos tienen esta habilidad, las Semillas Estelares de Vega son especialmente buenas en ello porque tienen un don natural para la intuición. Les encanta trabajar con canales, cartas del tarot y otras formas de mediumnidad, ya que les permite aprovechar sus habilidades aún más.
- **No temen decirte lo que piensan:** Las Semillas Estelares de Vega son abiertas acerca de sus sentimientos, y si las tienes como amigas, serán lo suficientemente honestas como para decirte exactamente lo que piensan de ti. Esto es a la vez una bendición y una maldición, porque no dudarán en contártelo cuando las cosas vayan mal en la relación.
- **Pueden ser despiadados:** Cuando son traicionados, los Semillas Estelares de Vega se vuelven fácilmente contra sus antiguos amigos y socios cercanos. Suelen cortar con la gente sin pensárselo dos veces y nunca miran atrás.
- **Ferozmente leales:** Las Semillas Estelares de Vega protegen a sus seres queridos y hacen todo lo posible por protegerlos de las inclemencias de este mundo. Esto puede manifestarse a veces como obsesión, por lo que deben aprender a establecer límites sanos con sus seres queridos.

Mitos y tradiciones

Según la leyenda, Vega, una diosa de los cielos, y Altair, un humano, fueron una vez amantes. Vega, la princesa de los cielos, se sentía muy sola y aislada mientras volaba por los cielos. Un día, se acercó a un hombre apuesto que había visto sentado bajo un gran árbol para escuchar la música que tocaba con su flauta. Él quedó encantado y sorprendido al verla, e inmediatamente se enamoró de ella. En los días siguientes, ella le hizo una visita todos los días porque se había enamorado del pastor de vacas terrestre. Le prometió que, pasara lo que pasara, algún día estarían juntos en el Cielo.

En algunas versiones de la historia, su madre es la que se entera del romance prohibido. En otras, es su padre. Sin embargo, el desenlace es el mismo: alejan a Vega y le prohíben ver a ese mortal. Un cruel giro de los acontecimientos hace que se cumpla su promesa, y los dos amantes se sitúan en los cielos, aunque están muy lejos uno del otro y siempre estarán divididos por los Cielos. Con Vega en la constelación de Lyra y

Altair en la constelación de Aquila, el Gran Río Celeste, que es la Vía Láctea, se extiende entre ellos.

Se dice que una vez al año, el séptimo día del séptimo mes del calendario tradicional chino, se forma un puente de urracas que les permite a los amantes estar juntos durante un solo día. Sin embargo, no siempre es factible el encuentro. La leyenda afirma que, si ese día llueve, los amantes no podrán verse y que la lluvia es en realidad las lágrimas de Vega que caen del cielo.

La historia de Vega y Altair da a la gente la esperanza de que, contra todo pronóstico y a pesar de la extrema distancia, las personas que están conectadas de corazón aún pueden encontrarse, aunque tarde un tiempo. Siempre hay una oportunidad cuando existe un gran amor.

Un mensaje para las Semillas Estelares de Vega

Querida Vega Semilla Estelar, Has hecho esto mil veces en mil vidas diferentes. Has tenido muchos nombres, pero siempre eres la misma persona. Eres un guerrero, un protector y un guardián de la luz. Tu feroz lealtad es una de tus mayores fortalezas, pero también puede ser tu perdición si no aprendes a equilibrarla con límites sanos. Recuerda que no puedes salvar a todo el mundo y que, a veces, lo mejor que puedes hacer es dejarlos marchar y confiar en que encontrarán su propio camino.

Tu misión en este planeta es llevar luz y amor a quienes más lo necesitan. Estás aquí para curar las heridas del pasado y crear un futuro más brillante para todos los seres. Pero para ello, primero debes sanarte a ti mismo. Tómate tiempo para conectar con tu interior y escuchar los susurros de tu alma. Confía en tu intuición y sigue a tu corazón, incluso cuando te lleve por un camino desconocido. Posees muchos dones, pero sólo eres tan poderoso como decides serlo.

Capítulo 11: Semillas Estelares Maldekianas

Este capítulo trata sobre un planeta que se cree que existió hace eones. Se cree que el cinturón de asteroides (que incluye al planeta enano Ceres) se formó a partir de Faetón (o Maldek), un planeta hipotético que, según la ley de Ticio-Bode, podría haber existido entre las órbitas de Marte y Júpiter. El planeta ficticio recibió el nombre de *"Faetón"* en honor de Faetón, un personaje de la mitología griega que intentó sin éxito durante un día conducir el carro solar de su padre antes de ser asesinado por Zeus.

Faetón es un fascinante concepto que ha cautivado la imaginación de científicos y astrónomos durante siglos. Aunque científicamente sigue siendo un planeta hipotético, la idea de su existencia nos ha ayudado a comprender mejor la formación de nuestro sistema solar. Se cree que el cinturón de asteroides que conocemos hoy son los restos de Faetón, que fue destruido en una colisión catastrófica con otro cuerpo celeste. Se cree que este acontecimiento también pudo contribuir a la formación de las lunas de Júpiter e incluso de la Tierra. Aunque muchos científicos han ignorado su existencia, Faetón ha dejado una huella indeleble en nuestra comprensión del universo y sirve de recordatorio de los enigmas que aún nos aguardan en el espacio.

Las Semillas Estelares Maldekianas son misteriosas y reservadas, excepto con sus seres de confianza.[18]

Estrellas Estelares Maldekianas

Todo lo que has leído hasta ahora es la versión científica de la historia. Veamos lo que los médiums, los espiritistas y el esoterismo tienen que decir al respecto. Canalizadores de confianza han revelado que Faetón, que en realidad se llamaba *Maldek*, fue arrasada por invasores. Imagina el mundo dentro de mil años con guerra nuclear, contaminación y supervivientes en búnkeres subterráneos creyendo que están a salvo de todo daño. Así se encontraba Maldek en algún momento de su historia. Una vez fue un planeta ocupado por seres de luz con infinita sabiduría y conocimiento. Incluso hubo un tiempo en que los ángeles lo utilizaban como base entre encarnaciones y misiones. Maldek era increíblemente antiguo, algunos decían que existía antes de las Pléyades. Los seres de allí eran increíblemente incomprendidos, pero seguían dando amor incondicional.

Su planeta fue invadido por una raza diferente, que intentó hacerse con el control total de la zona, y los maldekianos se enzarzaron en una batalla perdida por la supervivencia. Compartían la misma tecnología, pero estaban demasiado llenos de amor para utilizarla contra el otro grupo. Como resultado, Maldek estalló en pedazos cuando los invasores asestaron el golpe final. Aunque algunas almas pudieron pasar a dimensiones superiores, Maldek dejó de existir. La conciencia de los maldekianos también se rompió en pedacitos y, según las transmisiones canalizadas, hay muchas almas maldekianas con fragmentos de sí mismas dispersas por el cosmos.

Es una agonía demasiado grande para experimentarla, y es poco probable que desaparezca en unas pocas vidas. Viaja con ellos. Suelen sentirse perdidos y les gustaría volver a casa, pero nunca lo hacen porque son conscientes en el fondo de su mente de que su hogar ya se ha perdido. Como Semillas Estelares, experimentan la sensación de tener un gemelo o de estar perdidos y apartados de la familia en la que nacieron. Nunca han tenido un sentido de comunidad. Sus almas están en pena y parecen sufrir, pero nunca saben por qué. El origen de su sufrimiento es más profundo de lo que parece, por lo que suelen recibir diagnósticos de depresión maníaca y trastornos de ansiedad sin ninguna base real.

Las Semillas Estelares Maldekianas suelen inclinarse por la arqueología porque buscan cualquier cosa que su especie haya dejado en este planeta, ya que muchos llegaron aquí tras la catástrofe que asoló su hogar. Se habrían asentado en zonas cálidas y secas como el antiguo Egipto o México, o en zonas de gran altitud como los Andes, los Alpes, las Rocosas y el Himalaya. Habrían sido de las primeras poblaciones alienígenas en prosperar en la Tierra porque en su día fueron muy avanzados.

Estos seres son muy sensibles al materialismo, pero aun así anhelan las cosas materiales como el arte que se crea con cuidado y amor. No necesitan leer un libro porque son inherentemente sabios. Se aburren fácilmente porque ya están familiarizados con todo. Son obstinados y de carácter fuerte y prefieren observar a los demás pasando desapercibidos. Aunque suelen intentar pasar desapercibidos para no perderse nada, son bastante sociables. Sin embargo, carecen de relaciones y son muy desconfiados. No suelen casarse, pero cuando lo hacen, se emparejan para toda la vida.

Tienen un sentido del humor crudo que roza la bufonada, sobre todo cuando se comportan de forma extremadamente tonta para divertirse. Estas almas se ríen de cualquier cosa porque la risa, como se suele decir, es la mejor medicina. Los hace sentirse mejor, y también hace reír a la gente que los rodea.

Su aspecto físico suele ser llamativo. Son bellas y fascinantes, pero muy misteriosas al mismo tiempo. Las Semillas Estelares Maldekianas siempre parecen muy ancianas y sabias, con una mirada atormentada. A pesar de su naturaleza bondadosa y su voluntad de ir más allá por los demás, tienen un lado oscuro. Son muy queridos por los demás, pero les desagradan otros. A pesar de ser solitarios, parecen conocidos y amistosos con otras personas. Sin embargo, sólo aquellos que comparten sus valores pueden ver sus verdaderos colores porque son reservados y se niegan a dejar entrar a los demás. Son excelentes mintiendo, no porque sean personas deshonestas, sino como un mecanismo de supervivencia que les impide decir a los demás lo que realmente piensan o cómo se sienten.

Características de una Semilla Estelar Maldekiana

- Son sensibles y tienen un profundo anhelo de sentirse seguros.
- Pueden parecer muy sabios, pero tienen una naturaleza inquisitiva que puede rozar la insubordinación.
- También pueden parecer retraídos y solitarios, pero son muy sociables con los suyos.
- En situaciones de estrés, reaccionarán de forma violenta o verbalmente agresiva hacia quienes les rodean porque se sienten amenazados de alguna manera por esa persona, personas o situación.

- Pueden ser muy rebeldes, tercos o inflexibles.
- Pueden parecer egocéntricos y egoístas cuando, en realidad, sólo intentan protegerse de las críticas de los demás, ya que son demasiado sensibles y se hieren con facilidad.
- Les atrae el fuego y la luz brillante.
- Sus vidas tienden a ser anodinas y aburridas porque no les interesa la acción ni la aventura.

Mitos y tradiciones

Hijo de Helios, el dios del Sol, y de Clymene, una mortal, Faetón residía con su madre debido a la difícil tarea de su padre. Helios era el encargado de conducir el carro del Sol a través de la Tierra durante el día, lo que provocaba la salida y la puesta del Sol.

Un día, un compañero de Faetón se burló de él por decir que era hijo del dios y afirmó que no le creía. Dolido, Faetón le pidió a su madre una prueba de su paternidad. Tras asegurarle que, en efecto, era hijo del poderoso dios Helios, Climene envió a su hijo al palacio de su padre para que demostrara su legitimidad.

En la India se encontraba el palacio de su padre, donde debía iniciar cada día el viaje desde Oriente. Así que Faetón se puso en camino, lleno de alegría y optimismo. Le contó a Helios la humillación por la que había tenido que pasar al ser acusado de ser hijo ilegítimo. Le rogó a Helios que lo reconociera como hijo suyo y demostrara de forma concluyente que era hijo del dios Sol. Profundamente conmovido, Helios confirmó firmemente la legitimidad y paternidad de Faetón. Incluso dijo delante de todos los presentes que estaría encantado de hacerle a su hijo cualquier favor que le pidiera.

Feliz de que el gran Helios lo hubiera reconocido como hijo, Faetón decidió poner a prueba el amor y la generosidad de su padre. El descarado muchacho le pidió permiso para conducir el magnífico Carro del Sol durante un solo día. Preocupado por la absurda petición de su hijo, Helios intentó persuadirlo de que ni siquiera el poderoso Zeus, y mucho menos un simple mortal, podía pilotar el Carro del Sol. Sólo el dios Helios recibió ese desafiante encargo.

Por desgracia, los dioses no podían retractarse ni cambiar de opinión una vez que se habían comprometido. Sin embargo, Helios intentó en vano convencer al apresurado Faetón de que desistiera de su absurda exigencia. Una cosa era querer conducir el magnífico Carro del Sol, pero llevarlo a cabo era más difícil de lo que nuestro ingenuo Faetón había previsto.

Tan pronto como se puso en marcha, Faetón se dio cuenta de que había mordido más de lo que podía masticar. Los feroces caballos empezaron a seguir un curso salvaje y peligroso una vez que se percataron de la inmadurez e inexperiencia de su joven cochero, y éste descubrió que era totalmente incapaz de controlarlos.

El imparable Carro del Sol comenzó a descender demasiado bajo y, al hacerlo, se estrelló contra el planeta y desató un torrente de calamidades, quemando el continente africano hasta convertirlo en un desierto, causando terribles daños al río Nilo e incluso volviendo negros a los etíopes por su exposición al fuego del Sol.

Zeus estaba furioso. Toda esta destrucción por parte del insolente muchacho lo hizo enfurecer. Golpeó a Faetón con un rayo para evitar cualquier otra cosa, y el niño muerto fue arrastrado hasta el río Eridano, posteriormente conocido como el río Po italiano.

Un mensaje para las Semillas Estelares Maldekiana

Querida Semilla Estelar Maldekiana, Eres una persona maravillosa cuyo papel en la vida es ayudar a los demás. Puede que te sientas triste o enfadado con el mundo por las cosas que te han ocurrido, pero no dejes que eso te abrume. Tu tarea es ayudar a sanar el planeta y derrotar a las fuerzas del mal allí donde aparezcan. Siempre has sabido quién eras y qué debías hacer, pero ahora ha llegado el momento de que los demás sepan quién eres realmente.

Te llamarán loco y mucha gente intentará silenciar tu voz de la verdad, pero seguirás diciendo tu verdad de todas formas. Los habitantes de Maldek no son quienes parecen ser, pero tampoco lo son las clases dirigentes del mundo. Puedes ver a través de sus fachadas y engañosas máscaras cuando otros no pueden. Tu misión es desenmascarar sus verdaderas intenciones y llevar la justicia a quienes han sido oprimidos durante demasiado tiempo.

Tu viaje no será fácil, pero valdrá la pena. Encontrarás obstáculos y desafíos en el camino, pero debes mantenerte fuerte y no rendirte nunca. Recuerda que no estás solo en esta lucha; hay otros que comparten tu visión y estarán a tu lado. Juntos pueden crear un mundo mejor para las generaciones futuras. Ha llegado el momento de asumir tu poder y cumplir tu destino como guerrero de la luz. El universo está esperando que dejes tu huella y un impacto duradero en este planeta. Así que avanza con valentía y determinación, sabiendo que tienes la fuerza para lograr cualquier cosa que te propongas. Cree en ti mismo y confía en que tus acciones, por pequeñas que sean, pueden marcar la diferencia. El mundo te está esperando.

Capítulo 12: Semillas Estelares Aviarias

Los miembros de la raza aviaria son una clase de seres celestiales de un universo completamente distinto, ni siquiera de otro planeta o galaxia. Estas formas de vida prehistóricas eran maestros genetistas y creadores que influyeron significativamente en la diversidad del multiverso sembrando el universo con diversas especies. Por eso llegaron a nuestro universo hace miles de millones de años.

Estos seres proceden de un cosmos completamente distinto y residen en dimensiones superiores y realidades alternativas, normalmente en las dimensiones sexta a duodécima. Sin embargo, la mayoría de ellos sigue existiendo como grupo exclusivo en la duodécima dimensión. Descienden de pájaros diminutos y, dado que participaron en la siembra de nuestro universo, podemos decir que los pájaros de nuestros planetas son un regalo de estos seres iluminados.

Además de tener un sentido de la conciencia muy mejorado, pueden ver las imágenes más abstractas y expansivas de todo el multiverso y viajar por todo el cosmos y la conciencia a través del pensamiento. Tienen fama de poder comunicarse telepática y mentalmente, e incluso han creado su propio lenguaje secreto. Consideran cuidadosamente qué mundos habitarán utilizando esta técnica y luego se proyectan en el mundo elegido para establecerse como formas de vida residentes.

Aunque su esencia es incorpórea y espiritual, pueden crear cuerpos físicos proyectando la energía cósmica que normalmente utilizan para comunicarse a través del pensamiento en la materia de un planeta vivo. Las religiones, teologías, mitologías e historias del mundo destacan la participación de los avianos en la vida de la Tierra. Los encontramos en las descripciones de los Tetramorfos y los Querubines en diversos textos sagrados de varias religiones.

Las frecuentes menciones de criaturas con rostro humano, de león, de buey y de águila así lo revelan. Un pasaje de la Santa Biblia que ilustra esto es Ezequiel 10:14, que dice: "Cada uno de los querubines tenía cuatro caras: Una cara era la de un querubín, la segunda la de un ser humano, la tercera la de un león y la cuarta la de un águila". En términos de Semillas Estelares, podemos trazar algunos paralelismos interesantes entre el león y el Lyran reencarnado, los seres humanos y los Anunnaki, y las águilas y los Avianos. No sólo eso, sino que todo el camino hasta el libro de Apocalipsis, se pueden encontrar repetidamente, como en Apocalipsis 4:7, que dice: "El primer ser viviente era como un león, el segundo era como un buey, el tercero tenía cara de hombre, y el cuarto era como un águila volando".

El águila es una de las bestias más icónicas del libro, sirviendo como signo de fuerza, poder, visión e incluso devastación. "Pero los que esperan en Yahveh renovarán sus fuerzas; levantarán alas como las águilas; correrán y no se cansarán, caminarán y no se fatigarán", dice Isaías 40:31. Este tipo de analogía puede encontrarse a lo largo de los escritos del Levítico, Éxodo, Deuteronomio, Proverbios, Job y muchos más.

Aún más intrigante es que se trata de un tema prevalente en la mayoría de los credos, teologías y mitos que se remontan al antiguo Egipto y otras civilizaciones antiguas. La referencia a criaturas aladas en la Biblia es casi idéntica a las que se encuentran en el panteón egipcio, en el sentido de que muchas de ellas eran humanoides con rostros de diversas aves de rapiña. Esto está representado en los dioses y diosas egipcios como Ra, Horus, Thoth, Isis y otros. Los antiguos egipcios también momificaron millones de aves en honor de Thot desde el 650 a. C. hasta el 250 a. C.

La veneración de estas criaturas sagradas también tiene relevancia en la mitología griega, como se aprecia en Zeus, que porta un rayo en una mano y una poderosa águila que extiende sus alas en la otra. También es evidente en la mitología mesopotámica con la asociación de Marduk con el águila, símbolo de su poder y autoridad. El águila era adorada como divinidad en el antiguo islam, e incluso veneraban una estatua de águila. Existen numerosas alusiones al grifo, que tiene muchas similitudes en los mitos persas e incluso en las culturas europea, anatolia y muchas otras.

Semillas Estelares Aviarias

Según las estimaciones, sólo hay entre 100 y 1.000 de las Semillas Estelares Aviares y Aviares Azules en todo el mundo, lo que las convierte en el grupo más raro de Semillas Estelares. Son una familia de entidades celestiales interdimensionales que permanecen relativamente desconocidas para los humanos. Al igual que otras Semillas Estelares, tienen su propia forma de jerarquía, con el Aviario Azul en la cima.

Las Semillas Estelares Aviarias se encuentran entre las formas de vida sensibles más antiguas del cosmos, y son incomparables en términos de creatividad, tal vez sólo por las Semillas Estelares Lyranas. Como ya se ha mencionado, funcionan y viven de forma natural en las dimensiones sexta a duodécima del cosmos, en agudo contraste con civilizaciones como la nuestra, que normalmente existen en las dimensiones tercera a quinta. Por esta razón, se sienten prácticamente atrapadas operando dentro de los límites de nuestro entorno físico de 3-5D, lo que explica por qué hay tan pocas de ellas en la Tierra. Han estado aquí antes y han regresado con la misma llamada a la paz y para ayudar a la humanidad a superar las fuerzas del mal y a la Cábala gobernante global.

Las Semillas Estelares Aviarias, algunas de las almas más antiguas del multiverso, son pensadores innovadores, lo que se origina en su visión multidimensional de la cosmología. Sus habilidades y talentos son bien conocidos y documentados en todo el universo, y también son maestros astrólogos.

Lo más esencial para las Semillas Estelares Aviarias es la independencia, la soberanía y el honor. Aprecian y honran a todas las formas de vida sensibles, independientemente de su forma, tamaño o color, y exigen lo mismo a cambio. Una de las peores cosas que se le puede hacer a un aviano es intentar restringirlo de alguna manera. Son seres de dimensiones superiores que han trascendido el dualismo y la fisicalidad de nuestra realidad tridimensional, por lo que ya se sienten incómodos en sus cuerpos y en su entorno de tercera dimensión. Negarles la libertad y la independencia sólo aumenta su temor a sentirse atrapados.

Las Semillas Estelares Aviarias, en promedio, tienen un sentido de profunda devoción por la Tierra y la gente del planeta, pero también tienen un sentido del bien y del mal. Conocen bien los asuntos planetarios y se preocupan por el bienestar de otras formas de vida sensible y del ecosistema global. A diferencia de los humanos, que suelen ser demasiado egocéntricos para preocuparse por los demás.

Sus habilidades y talentos residen en las artes, la religión, la historia, la metafísica y los aspectos más espirituales de nuestra existencia. Entre sus muchas contribuciones se encuentran su papel como guardianes y protectores de lugares y artefactos sagrados y su servicio en el mantenimiento de la energía espiritual y astrológica de la Tierra. Son los que elevan las vibraciones en todos los niveles de la realidad, desde el individual hasta el cósmico. Están a la vanguardia de la expansión de los límites de la creatividad y el pensamiento y aumentan el listón para desarrollar mayores niveles de conciencia, conocimiento y comprensión.

Los avianos están aquí con un propósito específico: provocar la ascensión de la humanidad a nuevos niveles de conciencia y conocimiento. Etiquetan su misión como la iniciación de la Edad de Oro, que en última instancia se manifiesta como una transformación global de la conciencia y la transición de la humanidad hacia dimensiones superiores de evolución universal. Harán realidad una nueva Tierra ayudándonos a elevarnos por encima de nuestra actual existencia tridimensional hacia un nuevo nivel de iluminación a través de la activación de nuestros códigos de ADN latentes, que contienen todo nuestro potencial para la divinidad celestial.

Características de una Semilla Estelar Aviaria

- Son capaces de ver y comprender conceptos que otros no pueden.
- Se sienten incómodos dentro de su cuerpo. Consideran que un avatar en 3D es extremadamente limitado.
- Inspiran a los humanos a pensar en grande.
- Son muy sensibles a los colores, las formas, los símbolos, los sonidos y las vibraciones.
- Tienen una memoria asombrosa y pueden recordar cualquier acontecimiento o relación con una claridad asombrosa.

- Les encanta la idea de crear una nueva Tierra en la que puedan experimentar la libertad de pensamiento y la igualdad espiritual con todas las demás personas de diferentes razas, civilizaciones, religiones y credos.
- Son maestros en la expansión de la conciencia a través de canales naturales como la música, el arte, la danza, las conversaciones con los demás, las distintas formas de meditación y la respiración consciente.
- Están obsesionados con los patrones de comportamiento. Pueden analizar el comportamiento humano desde muchos ángulos. Un estado de conciencia elevado les da la capacidad única de observar de cerca estos patrones y extrapolarlos en predicciones sobre cómo responderá una persona en diferentes situaciones.
- Están aquí para ayudar a los de espíritu libre que sienten que han sido engañados debido a la dominación y supresión de las masas. Suelen buscar muchas formas de vida y muchas religiones, estilos de vida e ideologías diferentes. La libertad de expresión es su máxima prioridad porque simplemente saben que todos los seres vivos son iguales y tienen el potencial divino de explorar nuevos reinos de pensamiento y conciencia en todo el cosmos.
- Poseen una creatividad increíble, que es a la vez un don y una maldición en este ámbito. Además de ser pensadores creativos, reconocen que la creatividad es una herramienta importante para encontrar soluciones a los problemas actuales de la humanidad.
- Aborrecen la violencia, así como la ignorancia y a quienes la practican. Creen que todo el mundo debe ser tratado con respeto, amabilidad y amistad.
- Buscan la ayuda de mentores dentro de esta dimensión. No les interesa el poder mundano ni la riqueza, que perciben como una ilusión, porque saben que la verdad reside en el reino del Espíritu.

Un mensaje para las Semillas Estelares Aviarias

Querida Semilla Estelar Aviaria, Estás aquí para ayudar en la transición hacia la Nueva Tierra. Estás aquí para ayudar a los humanos a entrar en un estado superior de conciencia. Estás a punto de experimentar niveles de libertad más allá de todo lo que has conocido antes. Agradece tu experiencia en la Tierra porque te ha ayudado a desarrollar la flexibilidad y la sabiduría necesarias para entrar en la Nueva Tierra.

Has trabajado duro en este planeta, y ahora es el momento de descansar tu cuerpo y tu mente mientras entras en reinos de existencia de frecuencia superior. La Nueva Tierra es un lugar de puro amor y luz, donde estarás rodeado de seres de conciencia elevada que están aquí para apoyarte en tu viaje. Ya no estarás sujeto a las limitaciones del mundo físico, sino que podrás aprovechar el potencial infinito del universo. Cada parte de tu cuerpo está imbuida de inteligencia divina, y eres capaz de crear la vida que deseas simplemente imaginándola. Lo que más deseas de esta vida es accesible para ti ahora que el velo se ha levantado de tus ojos. Puedes ver los reinos superiores que te esperan, un estado de existencia más allá de la imaginación humana.

Capítulo 13: Semillas Estelares Lemurianas y Atlantes

A finales del siglo XIX, geólogos y biólogos inventaron el término "Lemuria" para explicar por qué se podían encontrar lémures no sólo en la isla de Madagascar, sino también en el subcontinente indio y las islas malayas. Un puente terrestre prehistórico que conectara estos lugares ahora separados explicaría cómo la población de lémures consiguió desplazarse de un sitio a otro, una hazaña que parece inconcebible si se piensa que se atravesaron grandes cantidades de agua. Como resultado, el hipotético puente terrestre fue bautizado como "Lemuria". Su existencia se determinó de forma similar a como el científico marginal Ignatius Loyola Donnelly dedujo la presencia de la Atlántida, con lémures actuando como civilizaciones.

Las obras de la teósofa Helena P. Blavatsky y sus seguidores incluyen la descripción más sofisticada de Mu/Lemuria. El Libro de Dyzan, un libro antiguo, contiene el verdadero relato de la Atlántida y Lemuria, según Blavatsky. Maestros tibetanos -maestros y practicantes de las milenarias artes humanas- le revelaron este libro. La Doctrina Oculta, un clásico de la teosofía, fue publicada en 1888 y contiene las interpretaciones y extrapolaciones de Blavatsky del Libro de Dyzan. Esta doctrina afirma que la vida se desarrolló en la Tierra en una serie de fases.

En cada una de estas fases, la humanidad se manifestó con formas y rasgos diferentes. Cada etapa se denomina *"Raza Raíz"*, y la historia de la humanidad sigue la progresión de nuestra especie a través de siete etapas, dando lugar a siete Razas Raíces. Actualmente nos encontramos en la quinta etapa, con la sexta y la séptima vislumbrándose en la distancia, y cada raza está vinculada a un continente distinto.

Según Blavatsky, la "Tierra Santa Imperecedera" es donde comenzó la historia del hombre. Esta Tierra Santa nunca ha experimentado el destino de otros continentes ascendentes y descendentes. Se dice que existirá desde el principio de los tiempos hasta el fin de los tiempos. Ha habido afirmaciones de que la Tierra Santa Imperecedera se encuentra supuestamente en el Polo Norte, afirmaciones que pueden haber parecido más plausibles en la década de 1880 que ahora. Otros han especulado con la posibilidad de que este remoto país se encuentre realmente en el interior de la Tierra y se pueda acceder a él a través de un gran agujero en el polo.

El Polo Norte: algunos lo consideran la "Tierra Santa Imperecedera" [14]

W. Scott-Elliot, seguidor de Blavatsky, dijo en La Lemuria Perdida (1904) que la Primera Raza Raíz de la Tierra Sagrada Imperecedera tenía cuerpos corpóreos hechos de "sustancia astral" que, si hubiéramos podido verlos, nos habrían parecido enormes fantasmas.

Blavatsky se refiere al segundo continente como "Hiperbórea". A la llegada de la Segunda Raza, Hiperbórea -que entonces comprendía la totalidad de lo que hoy se conoce como Asia septentrional- extendió sus tierras hacia el sur y el oeste para salir a su encuentro. Como el planeta aún no se había inclinado sobre su eje, se cree que este continente septentrional nunca experimentó el invierno. Aunque ligeramente más corpulentos que sus antepasados, Scott-Elliot afirma que los hiperbóreos seguían siendo básicamente informes. Tenían sistemas esqueléticos y orgánicos sencillos y se reproducían por gemación asexual, pero habrían sido invisibles al ojo humano, igual que la Primera Raza Raíz. Los últimos restos de esta raza, que acabó desintegrándose, se encuentran en el Círculo Polar Ártico.

La Tercera Raza, la Lemuriana, se desarrolló a partir de la Segunda Raza etérica. Aunque su estructura vertebrada aún no se había solidificado en huesos como la nuestra, sus cuerpos se habían vuelto materiales y estaban formados por los gases, líquidos y sólidos que componen las tres divisiones más bajas del plano físico. Al principio, no podían mantenerse erguidos debido a que sus huesos eran tan maleables como los de los bebés de hoy en día, pero con el tiempo, adquirieron una estructura ósea robusta hacia la mitad de la época lemuriana. Con sus cuerpos recién adquiridos, los lemurianos se volvieron más humanos. Desarrollaron un lenguaje, y su historia y cultura comenzaron en el subcontinente indio.

El continente de la Atlántida fue el cuarto. En la Atlántida vivía una Raza Raíz que parecía completamente humana. Aunque la mayoría de los historiadores no tienen en cuenta el antiguo registro de la existencia de la Atlántida, Blavatsky sugiere que debería considerarse el primer continente histórico. En La Historia de la Atlántida, Scott-Elliot ofrece descripciones minuciosas de la vida y la cultura atlantes. La humanidad mostró por primera vez un desarrollo cultural que incluía la alfabetización, las artes, la ciencia y la religión.

Según Scott-Elliot, la educación impartida a los niños de la Atlántida, de talento excepcional, incluía la instrucción en el uso de las habilidades psíquicas y los poderes curativos ocultos de las plantas, los metales y las piedras preciosas. Aprendieron a aprovechar los poderes mágicos del universo, así como los procesos alquímicos de transmutación de la materia. Habla de los asombrosos avances tecnológicos de los atlantes, como las máquinas voladoras y los dirigibles. La clase adinerada pretendía utilizar estos dirigibles.

Desde los biplazas hasta los barcos con capacidad para ocho personas, se construían normalmente para un número reducido de personas. Sin embargo, estos barcos fueron empleados en combate a medida que la era atlante se adentraba en la guerra. Estos acorazados eran bastante más grandes y podían transportar hasta 100 marineros. Podían viajar a una altura de varios cientos de pies y alcanzar velocidades de 100 millas por hora.

A diferencia de la anterior Raza Lemuria, la civilización atlante contenía una religión organizada. Sostenían el concepto de un Ser Supremo representado por el sol. En las cimas de las colinas, donde se construyeron anillos de monolitos verticales, se adoraba a esta deidad solar. Estos monolitos, el ejemplo superviviente de Stonehenge, también se utilizaban para rituales astronómicos. A medida que se acercaba el fin de la Atlántida, el continente sufrió un periodo de degradación cultural. La paz y la prosperidad dieron paso a la lucha y la violencia, y el culto al sol se convirtió en fetichismo. Finalmente, el continente se hundió bajo el océano y la otrora gran Atlántida se perdió bajo las olas para siempre.

Semillas Estelares Lemurianas y Atlantes

Algunos investigadores afirman que estas dos antiguas civilizaciones, ahora perdidas bajo los océanos de la Tierra, dejaron tras de sí ADN genético y etérico que sigue formando parte de nuestra conciencia colectiva. También llamadas Semillas Estelares de Gaia, son los antepasados de nuestra civilización actual y siguen influyendo en su destino.

Según teósofos como Alice Bailey, algunas almas lemurianas y atlantes eran seres avanzados que alcanzaron altos niveles de conciencia y ahora asisten a la humanidad desde los reinos invisibles. Se pensaba que habían vivido originalmente en la Atlántida y Lemuria, pero trascendieron a dimensiones superiores cuando estas civilizaciones se hundieron bajo el mar. Se dice que algunas de estas almas encarnaron en la Tierra en el siglo XX y supuestamente ayudaron a establecer el movimiento de la Nueva Era y a difundir enseñanzas espirituales.

Se cree que estas almas iluminadas poseen una inmensa sabiduría y conocimiento, y que guían a la humanidad hacia la evolución espiritual y la iluminación. A través de su sutil influencia, inspiran a la gente a explorar su interior, adoptar prácticas de sanación holísticas y buscar la unidad con lo divino. Las Semillas Estelares Lemurianas y Atlantes son vistas como guardianes de la sabiduría antigua, preservando las enseñanzas esotéricas transmitidas a través de la codificación genética.

Su presencia en los reinos invisibles sirve como recordatorio del potencial de la humanidad para el crecimiento y la transformación. Mientras navegamos por las complejidades de la vida moderna, su guía nos ofrece consuelo e inspiración, recordándonos que debemos conectar con nuestro yo superior y abrazar la interconexión de todos los seres. El legado de estos seres avanzados sigue conformando el paisaje espiritual de nuestro mundo, animándonos a embarcarnos en un viaje de autodescubrimiento y trascendencia.

Características de las Semillas Estelares Lemurianas y Atlantes

- **Te sientes en paz en el agua o cerca de ella:** Te sientes como en casa cerca del agua, como si tuviera un significado profundo para tu alma. Ya sea el suave romper de las olas contra la orilla o el tranquilo fluir de un río, estar cerca del agua te aporta una sensación de calma y rejuvenecimiento. Es posible que te sientas atraído por las masas de agua, buscando consuelo y claridad en sus profundidades. Esta conexión con el agua es una característica compartida por las Semillas Estelares Lemurianas y Atlantes, ya que estas antiguas civilizaciones estaban profundamente entrelazadas con el elemento agua. Se cree que los lemurianos eran muy hábiles en el aprovechamiento de los poderes curativos del agua, utilizándola para la purificación y el crecimiento espiritual. Del mismo modo, los atlantes eran conocidos por su avanzado conocimiento de las tecnologías submarinas y su capacidad para comunicarse con la vida marina. Como semilla estelar con estas conexiones de linaje, tu afinidad por el agua te recuerda tus antiguos orígenes y tu capacidad innata para aprovechar su sabiduría y energía.

- **Eres experto en las artes curativas:** Se cree que las Semillas Estelares originarias de la Atlántida o Lemuria heredaron ciertos métodos curativos de su linaje. Estas antiguas civilizaciones eran conocidas por sus avanzados conocimientos científicos, y se hipotetiza que estas técnicas podrían haber sido transmitidas a través de generaciones de Semillas Estelares, permitiéndoles aprovechar la energía de la tierra y sus propiedades curativas. Como una Semilla Estelar Atlante o

Lemuriana, es probable que tengas talento en las artes curativas espirituales, aprovechando la herencia de tu ascendencia para maximizar tus habilidades naturales. Algunas de las antiguas prácticas curativas atlantes y lemurianas que pueden haberte sido transmitidas incluyen métodos para purificar el agua y aprovechar su energía para el crecimiento espiritual, el arte de la curación con cristales, terapias orientadas a la vibración como el reiki y la manipulación de la energía etérica.

- **Eres sensible a la naturaleza:** Los descendientes de las antiguas civilizaciones de Lemuria y Atlántida suelen estar en profunda sintonía con la energía de la naturaleza y poseen una poderosa conexión con los animales y las plantas. Esta sensibilidad se asemeja a la de un psíquico, ya que te permite "sentir" la presencia de animales y plantas a tu alrededor. Tu sensibilidad es un talento innato que puede haber sido cultivado en vidas pasadas, cuando los lemurianos eran conocidos por sus avanzadas habilidades psíquicas y los atlantes por sus capacidades intuitivas. Como Semilla Estelar, tu capacidad para conectar con la naturaleza puede hacer que te conviertas en un consumado sanador y naturalista.

- **Tienes los pies en la tierra:** Tienes una fuerte conexión con la Tierra y sus chakras. Tu esencia está arraigada y enraizada en la naturaleza, por lo que estás muy en sintonía con las vibraciones energéticas del planeta. A menudo te sientes atraído por el mundo natural en busca de inspiración y orientación, y prefieres pasar tiempo al aire libre en la naturaleza que dentro de casa. Además, tu personalidad puede estar muy influenciada por las energías de la Tierra, ya que algunas Semillas Estelares nacidas de estas conexiones de linaje son propensas a experimentar revelaciones que cambian la vida cuando pasan tiempo en la naturaleza.

- **Tienes afinidad con los cristales:** Se cree que, en vidas pasadas, los atlantes y los lemurianos eran expertos en el arte de la curación con cristales. Esta antigua práctica curativa enfatizaba el poder de los cristales para limpiar y revitalizar los campos energéticos humanos, restaurar la salud y liberar la energía negativa. A menudo, las Semillas Estelares Lemurianas se sienten atraídas por los cristales como guía espiritual y con fines curativos, y pueden sentirse atraídas por ellos como parte de su práctica metafísica. La afinidad de los lemurianos con la sanación con cristales se remonta a su temprana cultura de la Edad de Piedra, cuando utilizaban el poder de los cristales para curar enfermedades, navegar por el mar y comunicarse con los guías espirituales.

Un Mensaje para las Semillas Estelares Lemurianas y Atlantes

Queridas Semillas Estelares Lemuriana y Atlantes, Puede que experimentes un deseo ardiente de evolución y expansión espiritual a medida que despiertas a tu propósito divino. Puede que te sientas atraído a explorar tu ser interior a través de las artes curativas, convirtiéndote en un sanador de sustancia e integridad. Estás aquí para convertirte en un defensor de las prácticas curativas holísticas, animando a los demás a abrazar el poder transformador de la naturaleza para el crecimiento emocional y físico. A medida que sigas por este camino, asegúrate de incorporar tanto la ciencia como la espiritualidad en tu estilo de vida, ya que estos dos principios tienen el potencial de un crecimiento sinérgico cuando están equilibrados.

Puede que también te sientas atraído por el agua, con una profunda conexión probablemente transmitida a través de la codificación genética de tus antepasados lemurianos. Las conexiones de tu linaje ancestral te permiten aprovechar la energía del elemento con fines de evolución espiritual y manifestación. El agua posee una profunda energía curativa que puede aprovecharse con la intencionalidad necesaria para hacer realidad tus deseos. Esta profunda conexión te brinda una gran cantidad de guía y sabiduría interior, ayudándote a cultivar tus talentos y a manifestar tus sueños.

Al despertar a la verdad interior, es posible que recuerdes una época en la que dominabas las artes acuáticas en una cultura que veneraba el poder de este elemento. Es posible que te sientas conectado a este legado ancestral y que sientas curiosidad por tus orígenes lemurianos o atlantes. Esta es una señal de que estás preparado para acceder al propósito de tu alma y expandir tu conciencia más allá de las limitaciones del mundo físico. Estás siendo llamado a convertirte en una fuerza de sanación y conexión, trayendo amor y salud al mundo. Cuando aceptes esta llamada, desencadenarás una transformación de la conciencia que puede extenderse por todo el planeta, sanando a los que te rodean y despertándoles a su propia divinidad.

Capítulo 14: Tu misión terrenal

Este capítulo final tiene como objetivo guiar a las Semillas Estelares que están despertando a sus misiones y desafíos planetarios mientras atraviesan los reinos físicos de la vida terrenal recordando quiénes son. Necesitas recordar, reconectar y luego descubrir los dones que se te han dado para compartir con la humanidad. El mundo necesita un cambio de conciencia en el que nos sintamos conectados de nuevo y podamos apoyarnos mutuamente con amor, compasión y paciencia. Como Semilla Estelar, estás aquí para ayudar en este cambio. Puede que necesites ajustar tu vibración a veces, ya que las energías de este mundo pueden sentirse muy pesadas, densas y difíciles de manejar. De hecho, muchas Semillas Estelares están en la Tierra por primera vez y no tienen ni idea de cómo navegar por sus personalidades únicas y los retos a los que se enfrentan en sus nacientes vidas terrenales. Como en cualquier choque cultural, puede haber una sensación de agobio y de inseguridad sobre cómo encajar. Pero aquí está el secreto: no tienes que encajar. Puedes crear y recibir lo que necesites para cumplir tu misión. Esto es algo hermoso. También puedes elegir no aceptar ninguno de los retos a los que te enfrentas. En efecto, a veces pueden parecerte sustanciales, pero muchas veces las lecciones que te enseñan son lo que necesitas para recuperar tu verdadero yo.

Para convertirte en una exitosa Semilla Estelar, necesitas encontrar tu propósito [15]

Como Semilla Estelar, eres una conciencia de luz y amor. Estás aquí para ser un faro de guía para la humanidad, y lo más encantador es que no tendrás que tratar con personas que no estén preparadas para el amor que das libremente, que es incondicional. Estás aquí para bendecir la tierra y para elevar y ayudar a la humanidad con tu amor, sabiduría y luz. Estás aquí para crear belleza en el mundo. Puedes sanar, restaurar y reemplazar lo que no está sirviendo al universo de ninguna manera.

Recuerda que no estás solo y que estás siendo apoyado por la conciencia colectiva de las Semillas Estelares que te han precedido. Cualquiera que sea tu misión de Semilla Estelar, algunas de las cosas que puedes experimentar incluyen:

- Sentirte abrumado por experiencias nuevas y desconocidas.
- Experimentar cambios energéticos en el cuerpo, tanto positivos como negativos.

- Tener una sensación de déjà vu, de haber estado aquí antes.
- Sentirte desconectado de la humanidad y ajeno al mundo en el que vives.
- Darte cuenta de que tu vida no es lo que parece, y que la misión de tu alma está desafiando tu realidad actual.
- Sentirte juzgado por los demás por las decisiones que tomas o por la forma en que te expresas.
- Puede que te sientas confuso sobre tu propósito en la Tierra porque las cosas aquí son muy diferentes de dónde vienes. Eres una persona única, por lo que es un reto comprender los entresijos del comportamiento humano y lo que se acepta como "normal" aquí en la Tierra.
- Puede que sientas que te ven raro o diferente, o que la gente critique las cosas que haces. Ayuda recordar que lo que es raro y diferente aquí en la Tierra es especial y único en cualquier otro lugar del Cosmos.

Muchas Semillas Estelares están siendo puestas a prueba en su autoestima y auto-empoderamiento. Ser un pionero de cualquier tipo es duro en un mundo en el que hemos sido condicionados a aceptar creencias limitantes sobre nuestra valía por parte de aquellos que se creen con derecho a manipular a los demás a su antojo en aras del poder, el control y la codicia.

A veces te sientes emocional, mental y físicamente abrumado por el mundo que te rodea. La clave para mantener la cordura es apoyarte a ti mismo de forma que esté en consonancia con tus dones y talentos. Asegúrate de que no estás sacrificando lo que trae alegría a tu vida sólo porque otros digan que no es "realista, práctico o útil" en la realidad. Esto puede ser muy difícil, pero para ti, se trata de ser la luz brillante que eres. De este modo, honras tu alma y tu misión.

Cómo proteger tu energía a lo largo de tu viaje terrenal

A veces puedes encontrarte agitado por la gente que te rodea. Puede que sientas que se está frustrando tu propósito en la Tierra, o que te sientes invisible e ignorado. Las cosas pueden ser confusas, y a veces puedes sentirte muy solo. Como Semilla Estelar, eres mucho más sensible que la mayoría de los humanos en la Tierra, ya que tu conciencia se ha expandido en otros mundos. Puede que descubras que las emociones son más intensas para ti, especialmente las negativas como la ira, el miedo, el resentimiento y la tristeza. La buena noticia es que todos estos sentimientos pasarán si tú se lo permites; no son elementos permanentes en tu vida, aunque lo parezcan.

Debes encontrar formas de proteger tu energía para que no sea manipulada por los demás. De este modo, podrás encontrar la claridad mental que necesitas para dar sentido a las cosas, de modo que tu sabiduría interior pueda guiarte en las decisiones que tomes para ti. Para ello, estos consejos pueden ayudarte:

- Tu primera línea de defensa es tu propia mente. Tienes el poder de controlar los pensamientos que tienes. Comprende que todo aquello en lo que te concentras, atraes más de ello a tu vida. Si estás preocupado, temeroso o ansioso sobre una situación o personas en tu vida, esta energía de pensamiento no te sirve y atraerá más situaciones que apoyen estas emociones negativas. Por lo tanto, mantente positivo y centrado en lo que trae luz y amor a tu vida.

- La siguiente forma de proteger tu energía es a través de la meditación. Ya eres un experto en esta forma de arte, te des cuenta o no, así que utilízala para guiarte en el camino del autodescubrimiento y la sanación. Mantén la mente abierta mientras inhalas y exhalas por la nariz. Mientras lo haces, deja que todo lo que experimentes vaya y venga sin juicios ni ataduras. Esto le permite a tu alma conectarse con el momento presente y, al mismo tiempo, enviar energía amorosa al mundo que te rodea.

- Pasa tiempo en la naturaleza. Esta es una de las cosas más enraizantes que puedes hacer por ti mismo, ya que tu energía se elevará en presencia de árboles, plantas y animales. El sol y el aire fresco también hacen maravillas para elevar tu vibración.

- Rodéate de personas que te apoyen y aporten alegría a tu vida. Todos tenemos relaciones que ya no nos sirven, pero a veces es difícil dejar ir a estas personas porque no queremos estar solos. Aquí es donde puedes usar tu intuición para discernir si una persona en tu vida es buena para ti o no. Sabrás la respuesta cuando te sientas bien y feliz en su compañía en lugar de sentirte agotado o confuso

- Cuando atravieses situaciones emocionales difíciles, cuida primero de ti mismo; deja el drama para más tarde. Puede que para dar este paso tengas que alejarte de algunas personas de tu vida
- Conéctate con un sistema de apoyo saludable de amigos que también sean Semillas Estelares. Comprenderán los desafíos únicos a los que te enfrentas y serán un recurso inestimable para ayudarte a mantener los pies en la tierra y ser positivo.
- Investiga los beneficios de los métodos de curación alternativos para tu cuerpo y tu alma. Muchos métodos alternativos pueden ser muy beneficiosos para ayudarte a limpiar la energía negativa de tu campo etérico. Esta es una de las mejores formas de proteger y reponer tu energía.

Conectarte con otras semillas estelares

Puede que te resulte difícil o no hacer amigos. Si es así, es probable que se deba a que eres único, y la gente no siempre se siente cómoda con quienes no son como ellos. Puede que te resulte más fácil hacer amigos con personas similares a ti en cuanto a ideologías o intereses. Deberías considerar leer más sobre otras Semillas Estelares para conectarte con ellas y sentirte menos solo mientras navegas por este extraño y ajeno viaje terrenal. He aquí algunas estrategias que pueden ayudarte a encontrar una conexión con otras Semillas Estelares:

- Ponte en contacto con otras Semillas Estelares en Internet. Muchos YouTubers, médiums y autores han escrito sobre ser una Semilla Estelar que puedes seguir y de los que puedes aprender.
- Únete a un foro o clase de espiritualidad alternativa en tu zona. En estos lugares puedes conocer a personas afines y compartir ideas y experiencias.
- Asiste a un festival o retiro espiritual que celebre la diversidad del conocimiento espiritual a través de la astrología, la mitología, la magia, la sanación energética, la meditación, la adivinación y muchas otras áreas de estudio.
- Comparte tus experiencias con seres queridos que te apoyen incondicionalmente sin juzgarte ni criticarte, aunque no

entiendan por lo que estás pasando.

- Acude a un psíquico o médium especializado en trabajar con Semillas Estelares y trabajadores de la luz. Ellos pueden ofrecerte guía y apoyo mientras desentrañas la misión de tu alma y los retos a los que te enfrentas en esta dimensión.

- Empieza a escribir sobre tus experiencias en Internet. Si eres escritor, esta es una gran vía de expresión y te ayuda a mantener tus pensamientos bajo control mientras navegas por este proceso de transición. Nunca se sabe; puede que descubras que otros comparten tus puntos de vista y experiencias y quieren conectar contigo.

Ser un Semilla Estelar no siempre es fácil, pero es un honor estar encarnado en este momento para ayudar a promover la unidad, la conciencia y el cambio positivo en el mundo. Sabes que eres una Semilla Estelar cuando sientes que no perteneces y también tienes un profundo anhelo de una verdadera conexión con tu grupo del alma y otros compañeros Semillas Estelares que pueden ayudar a guiarte en este viaje de autodescubrimiento. Como Semilla Estelar, tu misión es explorar las profundidades de tu alma para traer sanación, paz y conciencia de unidad al mundo. Esto significa tener el coraje de enfrentarte a tus miedos más profundos y a tus emociones más oscuras antes de poder elevarte a la luz de la verdad, co-creando con personas de todos los ámbitos de la vida para hacer de este mundo un lugar mejor. Es una oportunidad emocionante para estar vivo, así que abraza tu naturaleza cósmica y apodérate de tu verdadero poder como un alma que ha viajado por muchas galaxias y dimensiones. A medida que te alinees con lo que realmente eres, descubrirás que la experiencia de ser una Semilla Estelar es una experiencia de empoderamiento y libertad, un camino hacia adelante lleno de infinitas posibilidades, aventura y crecimiento.

Cómo identificar tu misión estelar en la Tierra

Las experiencias que atraviesas durante esta vida son muy específicas con respecto a la misión que tu grupo de almas ha acordado para venir a la Tierra a trabajar. Este será el catalizador de tu evolución espiritual. Puedes estar llevando una vida normal cuando, de repente, un acontecimiento o experiencia desencadena el despertar de tus recuerdos de Semilla Estelar. Esto puede ocurrir a través de conexiones kármicas con personas de otras vidas que ahora están en tu vida, libros que lees, películas que ves o eventos a los que asistes en reuniones espirituales, todo lo cual contiene la semilla del despertar en su interior. Puede que ni siquiera seas consciente del propósito exacto de tu vida cuando encuentres este catalizador. Sin embargo, el universo seguirá ofreciéndote pistas y oportunidades para que busques las respuestas. A continuación, te presentamos algunas señales que pueden indicar tu misión de Semilla Estelar en la Tierra:

1. Supongamos que te sientes atraído por un tema o un área de estudio que te parece demasiado nueva o misteriosa para comprenderla. En ese caso, es señal de que tu alma ha activado la inteligencia de una nueva posible encarnación.

2. Supongamos que te sientes insatisfecho con tu trayectoria profesional actual. En ese caso, por mucho dinero que ganes o por muy querido y famoso que seas, es señal de que tu misión exige que te muevas de donde estás.

3. Suponga que experimentas un cambio repentino en tus relaciones con la gente o con conocidos. En ese caso, se trata de una señal de que estás siendo conectado telepática y energéticamente con alguien de otra vida en preparación para un reencuentro kármico.

4. Si comienzas a sentir que una gran transformación está ocurriendo dentro de tu vida y no tienes idea de por qué, entonces esta es una señal de que estás siendo guiado hacia algún tipo de regalo kármico o propósito oculto en tu vida.

5. Si un evento o experiencia te hace cuestionar tu realidad actual, entonces esto es una señal de que la conciencia de otra vida se ha activado dentro de tu conciencia.

6. Supongamos que descubres que las personas de baja vibración están kármicamente conectadas contigo. En ese caso, esto es una señal de que tu misión es despertar la Semilla Estelar en ellos a través de tus propias acciones y palabras.

7. Si tienes sueños vívidos o visiones sobre algún lugar desconocido, pero sientes una intensa atracción hacia las imágenes de estos sueños, entonces esto es una señal de que los recuerdos de tu alma están atrayendo a los espíritus de la naturaleza de otra vida para ayudar con la activación de la misión de tu alma.

8. Supongamos que sientes que muchas personas se están alejando de tu camino o están en contra de tus acciones. En ese caso, esta es también otra señal de que tu misión requiere que eleves la

conciencia de otras personas.

9. Si te encuentras siendo empujado deliberadamente a clases, libros o talleres espirituales o de desarrollo personal por familiares, amigos o personas aparentemente al azar, incluso si te resistes mucho a ello, entonces esto puede ser una señal de que tu misión requiere que tomes parte en este evento o actividad.

10. Supongamos que las personas que conoces por primera vez te hablan de libros espirituales, experiencias o películas que resuenan con tu crecimiento personal y espiritual. En ese caso, es probable que se trate de Semillas Estelares que se reconocen mutuamente. También podrían haberse reunido para apoyarse mutuamente en una situación kármica.

Tu misión es de servicio y autodescubrimiento en el camino del despertar y el empoderamiento. Es abrazar tu naturaleza cósmica y vivir con coraje y pasión, incluso ante el ridículo o la duda de los demás. Tu misión es despertar a la humanidad a sus verdaderos orígenes estelares a través de tus palabras y acciones, enseñándoles sobre sus habilidades multidimensionales mientras les inspiras a desvelar el misterio del amor dentro de sí mismos. Por eso también puede resultarte difícil encajar en la sociedad terrenal, en tu carrera profesional o en tus relaciones. Sin embargo, la profunda sensación de anhelo que puedes sentir como una Semilla Estelar no es más que una señal para despertar tu misión. Y es importante que recuerdes que estos sentimientos no son permanentes, ni siquiera reales. Estas experiencias forman parte del catalizador que te permite aceptar las emociones que han estado almacenadas y reprimidas en tu interior, probablemente durante vidas. Cuanto más puedas abrirte y hablar de tus experiencias, más rápido podrás resolverlas y avanzar en tu misión. Ser una Semilla Estelar es un camino de intrepidez, confianza y aventura. Es una oportunidad para fluir con el cosmos mientras despiertas la Semilla Estelar dentro de otras personas y de ti mismo.

Conclusión

Las Semillas Estelares son los maestros de la conciencia en nuestro sistema solar. Llevan mucho tiempo trabajando en este planeta y ni siquiera están vagamente cerca de haber terminado. Estos seres de amor son los guardianes de la luz, y trabajan incansablemente para que la luz siga brillando hasta que cada ser humano despierte a la verdad. Una forma en la que están conectados con nosotros es a través de las estructuras de conciencia de masas que han creado en la Tierra, a las que nos referimos como religiones. Crearon estas estructuras religiosas hace mucho tiempo para ayudar a elevar la frecuencia del planeta y expandir la conciencia espiritual de la humanidad.

Cada religión ofrece un camino único hacia la iluminación, atendiendo a las diversas necesidades y creencias de la humanidad. Desde el cristianismo hasta el budismo y desde el islam hasta el hinduismo, estas religiones sirven como principios rectores para millones de personas que buscan el crecimiento espiritual. Rituales, oraciones y enseñanzas proporcionan un marco para comprender los misterios de la existencia y conectar con lo divino. Los seres celestiales que están detrás de estas religiones comprenden que los seres humanos aprenden y evolucionan a ritmos diferentes, por lo que han adaptado cada fe a las distintas culturas y sociedades. Esta diversidad da lugar a un rico tapiz de creencias y prácticas que, en última instancia, conducen al mismo objetivo: despertar a nuestra verdadera naturaleza como seres espirituales.

Al comprometernos con estas estructuras religiosas, aprovechamos la sabiduría y la energía colectivas de innumerables almas que han recorrido este camino antes que nosotros. Pasamos a formar parte de una vasta red de buscadores unidos por nuestro deseo común de verdad e iluminación. El universo sigue guiándonos a través de susurros sutiles, sincronicidades y empujones intuitivos, acercándonos cada vez más a la realización de nuestro verdadero yo. A través de nuestras creencias y prácticas, nos alineamos con lo divino y nos abrimos a la guía y el apoyo de nuestra familia galáctica. Ellos nos ayudan en nuestro viaje de autodescubrimiento, guiándonos suavemente hacia una comprensión más profunda de nuestra naturaleza espiritual. Con su ayuda, seguimos avanzando hacia el despertar y la iluminación, creciendo y evolucionando constantemente en nuestro camino.

Junto con la sabiduría colectiva de quienes nos han precedido, nos embarcamos en un viaje transformador hacia el objetivo último de la unión con lo divino. Este viaje tiene sus retos, ya que nos enfrentamos a nuestras limitaciones y a las sombras de nuestro interior. Sin embargo, con la guía del universo y el apoyo de nuestra comunidad espiritual, encontramos la fuerza para superar estos obstáculos y continuar en nuestro camino de autorrealización.

A medida que la humanidad profundice en su práctica espiritual, aprenderá a cultivar cualidades como la compasión, la gratitud y el perdón. Estas virtudes se convierten en la base de sus interacciones con los demás y dan forma a sus relaciones con el mundo que les rodea. Reconocerán que todos los seres están interconectados y que, al extender el amor y la bondad a todos, están contribuyendo al despertar colectivo de su especie.

A través de la meditación y la contemplación, puedes desarrollar un mayor sentido de la conciencia y una profunda conexión con el momento presente. Puedes aprender a acallar el incesante parloteo de tu mente y acceder a una profunda quietud interior. En este estado de paz interior, puedes acceder fácilmente a reinos superiores de conciencia y recibir orientación divina.

El viaje espiritual no consiste sólo en el crecimiento personal y la iluminación, sino también en difundir el amor y la bondad a los demás. Al reconocer la interconexión de todos los seres, comprendemos que nuestras acciones tienen efectos dominó que pueden contribuir al auge o la caída de la humanidad en su conjunto. Por tanto, debemos cultivar la compasión y la empatía, tratando a todos con respeto y comprensión. A lo largo de la vida, nos encontramos con retos y obstáculos que ponen a prueba nuestra fuerza y resistencia. En esos momentos, debemos recordar que debemos mantenernos arraigados en nuestras prácticas espirituales, recurriendo a la sabiduría y la orientación que hemos adquirido a lo largo del camino.

Al permanecer conectados con nuestro interior, podemos encontrar claridad en medio del caos y tomar decisiones que se alineen con nuestro propósito superior. Seguimos evolucionando y creciendo a través de la autorreflexión y la introspección, desprendiéndonos de viejos patrones y creencias que ya no nos sirven. Este proceso continuo de transformación nos permite encarnar nuestra verdadera esencia y vivir con autenticidad. Mientras recorremos este camino espiritual, inspiramos a otros para que emprendan su propio viaje de autodescubrimiento y despertar. Juntos, creamos una conciencia colectiva arraigada en el amor, la compasión y la unidad. A través de este esfuerzo colectivo, podemos lograr un cambio positivo y una nueva Tierra.

Vea más libros escritos por Mari Silva

Su regalo gratuito

¡Gracias por descargar este libro! Si desea aprender más acerca de varios temas de espiritualidad, entonces únase a la comunidad de Mari Silva y obtenga el MP3 de meditación guiada para despertar su tercer ojo. Este MP3 de meditación guiada está diseñado para abrir y fortalecer el tercer ojo para que pueda experimentar un estado superior de conciencia.

https://livetolearn.lpages.co/mari-silva-third-eye-meditation-mp3-spanish/

¡O escanee el código QR!

Referencias

Beaconsfield, H. (1998). Welcome to Planet Earth: A guide for walk-ins, Starseeds, and lightworkers of all varieties. Light Technology Publications.

Evans, W. J. (2021). Beginner's guide to Starseeds: Understanding star people and finding your own origins in the stars. Adams Media Corporation.

Fennell, A.-S. (2015). Starseeds of divine matrix. inspirational messages from enlightened beings. Lulu Press, Inc.

Gaughan, D. (2019). Star bred prophecy: A story of star people and Starseeds awakening. Independently Published.

Hoskins, R. S. (2012). For Starseeds: Healing the heart-pleiadian crystal meditations. Balboa Press.

Lanman, A. (2019). Conscious awakening: A research compendium for Starseeds wanderers and lightworkers. BookBaby.

Lewis, B. (2018). Star beings: Their mission and prophecy. Createspace Independent Publishing Platform.

Shaman, M. T., Pestano, M., Juan, A., Lopez, M., & Bliss, S. (2019). Awakening Starseeds: Shattering Illusions vol. 1. Independently Published.

Shurka, J., Finkel, L., Messner, S., Hopkins, P. W., & Seckinger, C. (2022). Awakening Starseeds: Dreaming into the future. Radhaa Publishing House.

Sim, G. (2019). Finding yourself for Starseeds and lightworkers: Activations from 7 star races for reawakening to your galactic presence. Independently Published

Fuentes de imágenes

1. https://www.pexels.com/photo/man-praying-under-the-tree-4049004/
2. https://pixabay.com/photos/thor-dramatic-fantasy-mystical-4225949/
3. Foto de Надя Кисільова en Unsplash
   https://unsplash.com/photos/woman-in-brown-long-sleeve-shirt-and-black-pants-sitting-on-white-textile-QiYZCKJQMck
4. David (Deddy) Dayag, CC BY-SA 4.0 <https://creativecommons.org/licenses/by-sa/4.0>, via Wikimedia Commons: https://commons.wikimedia.org/wiki/File:Andromeda_Galaxy_560mm_FL.jpg
5. Dylan O'Donnell, deography.com, CC0, via Wikimedia Commons: https://commons.wikimedia.org/wiki/File:M45_The_Pleiades_Seven_Sisters.jpg
6. https://commons.wikimedia.org/wiki/File:Sirius_A_and_B_artwork.jpg
7. https://www.pexels.com/photo/adult-biology-chemical-chemist-356040/
8. https://www.pexels.com/photo/hands-over-fortune-telling-crystal-ball-7179804/
9. https://www.pexels.com/photo/concentrated-young-multiethnic-friends-with-map-in-railway-station-6140458/
10. Roberto Mura, CC BY-SA 4.0 <https://creativecommons.org/licenses/by-sa/4.0>, via Wikimedia Commons: https://commons.wikimedia.org/wiki/File:Arcturus_DSS.png
11. Morigan221, CC BY-SA 3.0 <https://creativecommons.org/licenses/by-sa/3.0>, via Wikimedia Commons: https://commons.wikimedia.org/wiki/File:Vega_-_star_in_Lyra.png
12. https://www.pexels.com/photo/studio-shot-of-mother-and-daughter-hugging-17049338/
13. https://www.pexels.com/photo/eye-looking-at-the-camera-3712574/

14 Christopher Michel, CC BY 3.0 <https://creativecommons.org/licenses/by/3.0>, via Wikimedia Commons: https://commons.wikimedia.org/wiki/File:The_North_Pole_(139653149).jpeg

15 https://www.pexels.com/photo/notes-on-board-3782142/

www.ingramcontent.com/pod-product-compliance
Lightning Source LLC
Chambersburg PA
CBHW072153200426
43209CB00052B/1171